Günter de Bruyn

Gräfin Elisa

Eine Lebens- und Liebesgeschichte

S. Fischer

© S. Fischer Verlag GmbH, Frankfurt am Main 2012
Satz: Druckerei C. H. Beck, Nördlingen
Druck und Bindung: CPI – Clausen & Bosse, Leck
Printed in Germany
ISBN 978-3-10-009643-2

Auf Langeland

Die Hauptpersonen der hier folgenden Lebens- und Liebesgeschichte sind neben der im Titel genannten Gräfin drei Männer, die unterschiedlichen Alters, Berufs, Herkommens und Charakters waren, aber sowohl den Gegenstand ihrer Liebe gemeinsam hatten als auch das Erleben und Erleiden einer politischen Hoffnungsphase, die wie üblich ihr Ende in einer Enttäuschung fand.

Erzählt wird diese Geschichte aber nicht wegen der historischen Lehren, die man vielleicht aus ihr ziehen könnte, sondern einzig und allein ihrer Hauptperson wegen, der der Erzähler schon bei der ersten Begegnung verfallen war. Nicht um mit ihr ein weiteres Denkmal für eine Vorkämpferin der Frauenrechte zu errichten oder aber ihre dazu nicht passenden Eigenschaften zu rügen, sondern um ihr persönlich näherzukommen, hat er in der Erforschung ihres Lebens nicht nachgelassen, und aus reiner Freude darüber, von seiner zwei Jahrhunderte überbrückenden Liebe reden zu können, erzählt er auf den folgenden Seiten alles aus ihrem Leben, das zu erkunden ihm in vielen hundert Stunden des Suchens und Lesens möglich war. Die Geheimnisse, die einige Abschnitte ihres Lebens umgeben, hat er weder vollständig lüften können noch wollen, sie vielmehr, weil sie es so wollte, respektiert.

Ein Loblied auf die schönere und vielleicht auch bessere Hälfte der Menschheit, das dem Erzähler durchaus nahegelegen hätte, ist durch die treue Wiedergabe des dokumentarisch Belegten zwar verhindert worden, aber dass hier auch Zuneigung die Feder führte, ist offensichtlich, entschuldigt sich jedoch durch die Quellen, denen hier nacherzählt wird. Denn in ihnen erstrahlt das Bild der Gräfin in hellem Licht. Fast alle Männer und Frauen, die Nachrichten über sie hinterlassen haben, waren solche, die sie verehrten oder auch liebten, also nur Gutes über sie dachten, sagten und schrieben. Und die schriftlichen Hinterlassenschaften der allseits Verehrten, die diesen Glanz vielleicht hätten trüben können, sind viel zu geringfügig dafür.

Zu Lebzeiten der Gräfin Elisa oder Elise, deren vollständiger Name Elisabeth Davidia Margaretha Gräfin von Ahlefeldt-Laurvig lautete, wurde viel geschrieben, die Kreise, in denen sie sich bewegte, waren schreibfreudig in besonderer Weise, und bei Frauen ihres Schlages, also bei solchen, die auf Grund ihrer Vermögenslage den Ausbruch in die Selbstbestimmung wagen konnten, war die Hochschätzung eigner Schreibkünste meist nicht gering. Viele ihrer Zeitgenossinnen, von denen nicht wenige neben Briefen

auch Bücher schrieben, waren ängstlich auf die sichere Bewahrung ihrer brieflichen und literarischen
Hinterlassenschaften bedacht. Denkt man zum Beispiel an Rahel Levin, die unter Mithilfe ihres späteren Mannes Karl Varnhagen schon in jüngeren Jahren ihre eignen Briefe, von deren literarischem Wert
sie überzeugt war, möglichst vollständig wieder an
sich zu bringen und zu archivieren versuchte, so lässt
der kümmerliche und zerstreut aufbewahrte Nachlass der Gräfin Elise doch wohl vermuten, dass sie
keinen Wert darauf legte, als Frau von Bedeutung in
der Nachwelt weiterzuleben, also von wohltuend be-
scheidener Wesensart war.

Ihre Schönheit, die bei ihrer Wahl zur Titelhel-
din dieser Erzählung ja auch eine Rolle spielte, wurde in allen ihren Lebensaltern sowohl von Männern
als auch von Frauen gepriesen, und zwar nicht nur
das Gutgewachsene, lebenslang Schlanke und Zarte,
Schmalgesichtige, Blonde und Blauäugige, sondern
auch die Eigenart, nur Geist- und Seelenverwandten
zugänglich zu sein. Nur jene Frauen und Männer, die
ihrer wert waren und die Entsprechung des äußeren
Glanzes im Innern erahnen konnten, waren von der
Schönheit der Gräfin entzückt. Und dieses Entzücken
konnte Jahre und Jahrzehnte hindurch anhalten, weil
das Altern sie nicht entstellte, sondern nur aus der
jungen Schönen eine ältere, nicht weniger Schöne
entstehen ließ. Nicht reizend oder gar aufreizend war
diese Schönheit, sie war voller Würde und forderte
Abstand, und nicht selten war auch davon die Rede,

dass aus ihren Augen neben Klugheit auch Gemüts-
tiefe abzulesen war. Da zwei ihrer Verehrer beiläufig
erwähnten, dass nur ihr Mund zu dieser Art von
Schönheit nicht recht gepasst habe, lässt sich vermuten, dass er für zu groß und üppig gehalten wurde;
denn der damalige Zeitgeschmack war auf kleine,
niedliche Münder aus. Aber diese Frage kann heute
nicht mehr entschieden werden, denn die zwei bekannten Bildnisse der Gräfin, von denen eines, ein
vermutlich nach einem Gemälde angefertigter Stahlstich, ihre erste, von Ludmilla Assing geschriebene
Biographie schmückte, zeigen davon nichts. Zur Il-
lustrierung ihrer Lebensgeschichte scheint ein im
Kopf des Lesers entstehendes Bild besser geeignet zu
sein.

Elisa Gräfin von Ahlefeldt-Laurvig. Stahlstich, 1816.
Künstler unbekannt.

Dass ihre Schönheit von einem ihrer Bewunderer nordisch genannt wurde, kann etwas mit dessen Vorliebe für Germanisches zu tun haben, es kann aber auch vielleicht nur Hinweis auf ihre Herkunft sein. Denn geboren war sie als Dänin, und zwar in einer Familie, die in der Hierarchie der Standesgesellschaft ziemlich weit oben, gleich unter dem König rangierte und reich begütert war. Ihr Vater, Frederik Graf von Ahlefeldt-Laurvig, bekleidete den Rang eines Kammerherrn am königlichen Hofe und den militärischen eines Generalmajors. Begütert war er auf Langeland, der langgestreckten Insel zwischen Lolland und Fünen, deren Sandstrände heute auch mancher deutsche Urlauber kennt und schätzt. Das auf einem Hügel stehende Schloss, auf dem die Ahlefeldts seit dem 17. Jahrhundert die Herren waren, ist aus einer mittelalterlichen Festungsanlage entstanden, von der noch immer Wall und Graben zeugen, während dem Schloss selbst im 19. Jahrhundert ein neogotisches Äußeres aus rotem Backstein gegeben worden ist. Um die Festungsanlage herum hat sich eine Ortschaft gebildet, die wie das Schloss den Namen Tranekaer trägt. In diesem Schloss, von dem aus man aufs freie Meer blicken konnte, wurde Elisa am 17. November 1788 geboren und wuchs, da ein älterer Bruder bald nach der Geburt schon gestorben war, als Einzelkind auf.

Ihre Mutter Charlotte Louise, geborene von Hedemann, entstammte einer deutschen Familie, die in Schleswig-Holstein, das damals zur dänischen Monar-

Schloss Tranekaer. Ansichtspostkarte, etwa 1925.

chie gehörte, beheimatet war. Sie war 1762 auf dem Gut Hemmelmark bei Eckernförde geboren und aufgewachsen (auf jenem Gut also, das gegen Ende des 19. Jahrhunderts in den Besitz des Großadmirals Prinz Heinrich von Preußen, des jüngeren Bruders Kaiser Wilhelms II., gekommen war). Als Dreiundzwanzigjährige hatte sie den stattlichen und wohlhabenden Grafen geheiratet, der wie sie Musik, Literatur und besonders auch das Theater liebte, war aber später von ihm bitter enttäuscht worden, weil er von ehelicher Treue nichts hielt. Elisa, die erst älter werden musste, um vom Unglück ihrer Mutter etwas zu merken, verlebte im Schloss am Meer und im Stadthaus der Ahlefeldts in Odense, in das man sich in der kalten Jahreszeit zurückzog, eine glückliche Kindheit, auch weil ihr Vater, den sie nicht weniger als die Mutter liebte, sie zwar standesgemäß, aber doch freizü-

10

gig erzog. Ihre Reitkünste wurden ebenso bewundert wie ihre Singstimme, mit der sie in Hauptpartien von kirchlichen Oratorien glänzte, und wie ihr Vater wirkte sie auch gelegentlich bei Theateraufführungen mit. Da ihr Vater die Geselligkeit liebte, kam sie auch mit Kaufleuten, Seefahrern und Künstlern zusammen, wusste sich unter Standespersonen so sicher zu bewegen wie unter Bediensteten und unter Schauspielern, von denen das Schloss oft bevölkert war. Deutsch lernte sie nicht nur von ihrer Mutter, sondern auch im Umgang mit anderen, weil damals im dänischen Adel die deutsche Sprache als vornehm galt. Unterrichtet wurde sie von einer Hamburgerin, Marianne Philipi mit Namen, die schnell das Vertrauen des Kindes erwerben konnte, der Heranwachsenden zur älteren Freundin wurde und von der erwachsenen Elisa später noch manchmal besucht wurde, wenn sie nach Hamburg kam. Ihr hatte Elisa neben einer umfassenden Bildung auch die Liebe zur deutschen Literatur zu verdanken, die später dann auch bewirkte, dass sie wie eine Deutsche fühlte und bei aller Ehrfurcht vor ihrer Herkunft ohne aristokratischen Hochmut war. Als Muttersprache aber hat sie auch im Alter noch das Dänische betrachtet, und ihrer holsteinisch gefärbten Aussprache des Deutschen merkte man noch im Alter die dänische Herkunft an.

Wie im preußischen Könighaus die Erstgeborenen immer Friedrich, Wilhelm oder Friedrich Wilhelm zu heißen hatten und bei den dänischen Königen seit dem 16. Jahrhundert die Frederiks und Christians einander ablösten, so wechselten auch bei den auf Tranekaer herrschenden Grafen die Christians mit den Frederiks ab. Ein Frederik war auch Elisas Vater, der zu jenen Gestalten der Familien- und Landesgeschichte gehörte, die die Nachwelt so schnell nicht vergisst. Er und seine Vor- und Nachfahren erhielten, um sie trotz ihrer immer gleichen Vornamen voneinander unterscheiden zu können, sprechende Beinamen, wie Knotengraf, alter Graf, Excellenz oder Theatergraf. Elisas Vater aber, der auch Theatergraf hätte heißen können, weil er das Theater liebte, es häufig besuchte, auf sein Schloss holte und in ihm mitspielte, hieß der kriegerischen Zeiten wegen, in

Frederik Graf von Ahlefeldt-Laurvig, Elisas Vater. Künstler unbekannt.

Charlotte Louise Gräfin von Ahlefeldt-Laurvig, geb. von Hedemann, Elisas Mutter. Künstler unbekannt.

denen er sich auch als Offizier zu bewähren hatte,
der General.

Von den Kriegen, die als Folge der Revolution in
Frankreich ein Vierteljahrhundert lang Europa er-
schütterten und veränderten, wurde auch Dänemark,
zu dem damals auch Norwegen gehörte, nicht ver-
schont. Durch das Leben der kleine Elisa, das ein
Jahr vor der Französischen Revolution begonnen hatte, dröhnte immerfort der Kanonendonner, erst nur
vom fernen Italien und den Ländern am Rhein her,
wo die Armeen der alten Mächte gegen die der neu-
en Franzosen nicht aufzukommen vermochten, bald
dann aber auch im eignen Land.

In dem Bestreben, sich aus dem englisch-französischen Kriege herauszuhalten, hatte sich Dänemark
dem Bündnis einer sogenannten »bewaffneten Neutralität« angeschlossen, das vom Zaren Paul I. initi-
iert worden war. England, wo befürchtet wurde, dass
die dänische, schwedische und russische Flotte gemeinsam die britische Seeherrschaft brechen könn-
ten, schickte deshalb im Frühjahr 1801 seine Kriegs-
flotte nach Dänemark. Ohne Kriegserklärung wurde
von See her Kopenhagen belagert und die Ausliefe-
rung der gesamten dänischen Flotte verlangt. Als der
dänische Kronprinz Frederik (der damals schon für
seinen geisteskranken Vater, Christian VII., die Herrschaft ausübte, aber erst 1808 regulär König wurde)
diese Forderung ablehnte, begann die Bombardierung
der Stadt. Die Seeschlacht bei Kopenhagen, die nach
Auskunft des Siegers, des britischen Seehelden Hora-

tio Nelson, mehr Opfer kostete als seine bekannteren
Schlachten bei Abukir und Trafalgar, war völlig sinn-
los, weil nämlich, was die Beteiligten beider Seiten
nicht wussten, zwei Tage vor der Schlacht sich die
russische Politik England gegenüber durch die Er-
mordung des Zaren Paul grundlegend geändert hatte
und das Bündnis, das Anlass zu dieser britischen Ag-
gression gegeben hatte, praktisch nicht mehr bestand.

Diese blutigen Ereignisse werden das Leben der
zwölfjährigen Elise wahrscheinlich nur wenig berührt haben. Als aber sechs Jahre später der über
Preußen triumphierende Kaiser Napoleon seine Herrschaft auch auf die dänischen Inseln ausdehnte, wird
die inzwischen zur umworbenen Schönheit Herange-
wachsene mit im Zentrum der Ereignisse gestanden
haben, da ihr Vater in hoher militärischer Stellung
diente und sie selbst vielleicht in intimer Verbindung
mit dem Königshaus stand. Aber über diese Phase
ihres Lebens, die höherer Interessen wegen auch von
ihr immer im Dunkeln gehalten wurde, weiß man
nichts Sicheres, es gibt nur Gerüchte, Mutmaßungen
und immer wieder neue Behauptungen, die nicht zu
beweisen sind.

Der wahrscheinlich wahre Kern dieser Gerüchte
ist eine Liebschaft der Siebzehn- bis Neunzehnjäh-
rigen, deren Folge, eine uneheliche Geburt, von ihr,
ihrer Familie und wahrscheinlich auch vom Königshaus immer verheimlicht worden ist. Als Vater dieses
Kindes hat man nicht nur ihren Vetter Christian von
Ahlefeldt und einen Adjutanten ihres Vaters namens

Gerstenberg vermutet, sondern auch den damals etwa zwanzigjährigen Sohn des Kronprinzen Frederik namens Christian, der erst 1839 als der VIII. seines Namens den Thron bestieg. Ihm, der schon verheiratet war, soll Elisa sogar linker Hand angetraut worden sein. Ob, wann und weshalb diese morganatische Ehe wieder geschieden wurde, vermelden die Gerüchte nicht.

Beglaubigt ist lediglich, dass am 4. Februar 1808 in der Hamburger St.-Petri-Kirche ein am 21. November 1807 geborenes Mädchen auf den Namen Adolphine getauft wurde, deren angeblicher Vater zwar nicht Laurvig, wie Elises Familie, aber doch Laurberg geheißen haben soll. Bei einer Frau Steger, die ein Institut für junge Mädchen leitete, erhielt Adolphine eine gute Erziehung, verließ Hamburg aber als Siebzehnjährige und lebte einige Jahre bei der Gräfin Elisa, die sie lebenslang als ihre Pflegetochter ausgab, was in der Gesellschaft aber nicht immer geglaubt wurde. Den einen galt das Mädchen, das der Gräfin angeblich ähnelte, als ihre »natürliche« Tochter, den anderen als Halbschwester, die von ihrem Vater außerehelich gezeugt worden war. Da es sich bei jener Frau Steger, in deren Obhut Adolphine ihre Kindheit verbracht hatte, um eine Schwester der Erzieherin Marianne Philipi handelte, die zeitweilig auch als eine der vielen Geliebten des Grafen auf Tranekaer gelebt haben soll, könnte auch diese Erklärung durchaus einleuchten, wenn nicht spätere Forschungen festgestellt hätten, dass die angebliche Geliebte des Grafen damals für eine Schwangerschaft schon zu alt gewesen ist. Die Gräfin selbst scheint immer an der Version der Halbschwester festgehalten zu haben, denn so erzählt auch Ludmilla Assing in der Biographie der Gräfin diese Geschichte, und in den Briefen, die die verheiratete Adolphine und deren Kinder später an die alte Gräfin schrieben, soll sie nie mit Mutter oder Großmutter, sondern mit Tante oder Patin angeredet worden sein.

Ins Märchenhafte gewendet wurden die geheimnisumwitterten Jugendjahre der Gräfin 1987 durch den Historiker Jens Joergensen, der nämlich mutmaßte, der achtzehnjährige spätere König Christian VIII. habe schon mit der sechzehnjährigen Elisa ein Kind, und zwar einen Sohn, gezeugt. Diesen habe man in Odense zu einem armen Schuhmacher namens Andersen in Pflege gegeben und auf den Namen Hans Christian getauft. Da zwar einige Indizien für diese Annahme sprechen, Beweise aber fehlen, wurde sie teils bezweifelt, teils aber auch aufgegriffen und im Leben des großen Märchendichters nach weiteren für diese Annahme sprechenden Einzelheiten gesucht. Dazu herangezogen wurde auch sein bekanntes Märchen vom »Hässlichen Entlein«, das er geschrieben haben könnte, nachdem ihm bei einem seiner Berlin-Besuche die schon recht bejahrte Gräfin Elisa seine königliche Herkunft eröffnet habe. Lautet doch der Schlüsselsatz des Märchens: »Es schadet nichts, in einem Entenhofe geboren zu sein, wenn man nur in einem Schwanenei gelegen hat.« Falls sich die Annahme, der Märchendichter sei selbst Märchenprinz gewesen, nicht als ein Märchen erweisen sollte, sondern sich durch Beweise erhärten ließe, gäbe es für die Erwähnung der Gräfin in der Literaturgeschichte einen Anlass mehr.

Des weiterhin tobenden englisch-französischen Krieges wegen waren die Jugendjahre Elisas für ihre Heimat eine bewegte Zeit. Nachdem Napoleon 1807 ganz Norddeutschland in seine Macht gebracht hatte, fürchtete man in England, dass er sich der wieder aufgebauten dänischen Flotte bemächtigen könnte, um sie zur Invasion Englands zu nutzen, und verlangte von Dänemark, die Neutralität aufzugeben, ein Bündnis mit England zu schließen und seine Flotte unter englisches Kommando zu stellen. Als das vom Kronprinzen Frederik abgelehnt wurde, bombardierte die britische Flotte im September 1807 drei Tage lang erneut Kopenhagen und erbeutete die dänische Flotte, worauf Dänemark ein Bündnis mit Frankreich einging und napoleonische Truppen ins Land kommen ließ.

Während England eine Seeblockade über die dänischen Inseln verhängte, hatten die Dänen unter der napoleonischen Schutztruppe zu leiden, die wie eine Besatzungsmacht beherbergt und verpflegt werden musste und sich teilweise auch anmaßend wie eine solche verhielt. Neben französischen gehörten dazu auch spanische Truppen, die Napoleon nur zwangsweise gefolgt waren und ihm nicht mehr folgen wollten, als er im Juni 1808 seinen Bruder Joseph Bona-

parte zum König von Spanien gemacht hatte und das
spanische Volk sich gegen die Franzosen erhob. In geheimen Verhandlungen des Kommandeurs der spa-
nischen Truppen mit den vor den dänischen Küsten
kreuzenden Engländern wurde die Überführung der
Spanier in ihre Heimat auf britischen Schiffen vereinbart. Alle in Dänemark stationierten Spanier, die
sich übrigens mit den Dänen viel besser als die Franzosen vertrugen, wurden dazu heimlich auf Langeland zusammengezogen, doch bevor sie sich einschif-
fen konnten, wurde ihr Vorhaben verraten und von
den dänischen Truppen, die zu ihrem Bündnispartner
Napoleon halten mussten, zu verhindern versucht.
Elises Vater, der das dänische Militär auf Langeland
kommandierte, musste sich nun gegen die Spanier
wenden, die aber in der Überzahl waren, so dass er
zur Kapitulation gezwungen wurde und mit ansehen musste, wie die spanische Truppe auf britischen
Schiffen das Land verließ.

Elise hatte zu dieser Zeit Langeland schon verlassen. Ihre kränkelnde Mutter, die sich endlich zur
Trennung von ihrem Gatten entschlossen hatte, war
mit ihr im Herbst 1807 bei Verwandten in Ludwigsburg bei Eckernförde untergekommen, wo sie zu-
rückgezogen den Winter verbrachte, um im Sommer
1808 zu einer von der Mutter benötigten Badekur
aufzubrechen, auf der sich Elises Schicksal endgültig
mit Deutschland verband.

Die Verlobung

In den letzten Jahren des 18. Jahrhunderts war in dem etwa 35 Kilometer westlich von Hannover gelegenen Nenndorf ein Bad entstanden, das bald in Mode gekommen war. Nachdem schon 1772 der bekannte Berliner Arzt Ernst Ludwig Heim auf den gesundheitsfördernden Wert der dortigen schwefelhaltigen Quellen hingewiesen hatte und mit ersten primitiven Badeeinrichtungen Erfolge erzielt worden waren, hatte der Aufbau eines Heilbades begonnen, das allen gehobenen Ansprüchen genügte und bald zum sommerlichen Treffpunkt vornehmer, selbst fürstlicher Kreise geworden war. Bauherren waren die Landgrafen von Hessen Friedrich II. und Wilhelm IX. gewesen, auf deren Staatsgebiet sich Nenndorf damals befand. Finanziert worden waren die kostspieligen Bauten und Parkanlagen von den mehr als 20 Millionen Talern, die der berüchtigte Landgraf Friedrich II. durch Menschenhandel erzielt hatte: Er hatte 22 000 seiner männlichen Untertanen an die Engländer für deren Kriege in den Kolonien Nordamerikas verkauft. Nachdem auch die Landgrafen, die 1803 zu Kurfürs-

ten wurden, mit ihren Familien das Bad gebraucht
hatten, kamen andere fürstliche Gäste, darunter auch
Familienmitglieder des Königs von Dänemark. Als
dann Napoleon 1806 den hessischen Kurfürsten ver-
jagt, das Königreich Westfalen gegründet und seinen
erst dreiundzwanzig Jahre alten Bruder Jérôme dort
als König eingesetzt hatte, wurde das Bad 1808 auch
von diesem mit einem Besuch beehrt. Da er dort die
Behandlung mit Schlammbädern vermisste, wurden
diese, wie manche von ihm veranlassten Modernisie-
rungen, nun auch hier eingeführt.

Im Juli 1806 hatte sich der noch unbekannte Dichter Adelbert von Chamisso, der als Leutnant der preußischen Armee zur Besatzung der Festung Hameln
gehörte, in Nenndorf mit Friedrich de la Motte
Fouqué getroffen und damit die Freundschaft zweier

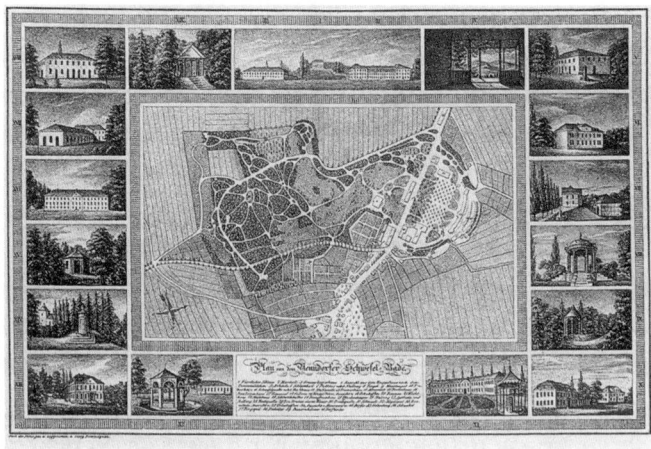

Plan des Nenndorfer Bades, um 1810.

deutscher Dichter französischer Herkunft begründet, die ein Leben lang hielt. Zwei Jahre später, also ein Jahr nach dem Frieden von Tilsit, der den Krieg zwischen Frankreich und Preußen beendet hatte, waren Offiziere beider Armeen unter den Badegästen zu finden, darunter auch der preußische Major Adolph von Lützow, der sich für die Spätfolgen einer bei Kolberg erlittenen Verwundung hier Heilung versprach.

Lützow, der fünf Jahre später durch Theodor Körners Lied über »Lützows wilde, verwegene Jagd« eine bis heute andauernde Berühmtheit erlangte, entstammte dem mecklenburgischen Adel, war aber in Berlin geboren, weil schon sein Vater in preußischen Diensten gestanden hatte und dort bis zum Generalmajor aufgestiegen war. Als knapp Dreizehnjähriger war der 1782 geborene Adolph 1795 bei der Garde in Potsdam eingetreten, 1804 dann aber auf eignen Wunsch in ein Kürassier-Regiment nach Tangermünde versetzt worden, weil er sich unter den vornehmen Offizieren der Garde nicht wohl fühlte und das Reiten seine Leidenschaft war. Im Oktober 1806 war er in der Schlacht bei Auerstädt durch einen Schuss in die Hand verwundet worden, hatte sich nach Magdeburg retten können und war nach der Kapitulation der Stadt bestrebt gewesen, wieder zu einer Truppe zu stoßen, die noch in Kämpfe verwickelt war. Auf dem Umweg über Kopenhagen hatte er das belagerte Kolberg erreichen können und hatte dort bis zum letzten Tage des Krieges in Ferdinand von Schills Freikorps gekämpft. Seiner Tollkühnheit wegen war er mit dem Pour le mérite ausgezeichnet worden, aber da die Wunde, die ein Schuss in den Fußknöchel gerissen hatte, nicht heilen wollte, hatte er die Armee verlassen müssen, sich aber nicht, wie er es vorgehabt hatte, in der Forstwirtschaft anstellen lassen, sondern sich, wie auch andere inaktive Offiziere es taten, in den Dienst einer patriotischen Geheimverbindung gestellt. Im Auftrag der konspirativen Berliner Gruppe, die sich während der französischen Besatzung um den Verleger Reimer und den Theologen Schleiermacher gebildet hatte, war er häufig auf Reisen, um Vertrauensleute für den erhofften Aufstand gegen Napoleon zu finden. Und da seine Aufträge ihn schon mehrmals nach Westfalen geführt hatten, ist es wahrscheinlich,

Adolph von Lützow.
Kupferstich von Giuseppe Longhi.

dass auch sein Aufenthalt in Bad Nenndorf nicht nur
der Heilung galt.

Dass er die Gräfin Elisa, die von ihrer Mutter und
von einer Freundin aus England begleitet wurde,
schon vor der Bekanntschaft mit ihr im Auge gehabt
hatte, ist anzunehmen; jede gemeinsame Mittagstafel
bot Anlass dazu. Als er nun einmal beobachten konnte, wie die zauberhafte blonde Gräfin einen neben
ihr sitzenden jungen Franzosen, der sie anschwärmte
und dabei ihre Hand fasste, durch Entleeren ihres
Wasserglases über seine Hand schockierte, deutete
Lützow diese Zurückweisung fälschlich als patrioti-
sche Geste, nahm die Gelegenheit wahr, sich ihr
vorzustellen, und obwohl sich ergab, dass Elisa nur
die Zudringlichkeit hatte strafen wollen, sich ihrer
spontanen Handlung nachträglich schämte und sich
bei dem Charmeur entschuldigen wollte, beschädigte
das Lützows entflammte Zuneigung nicht. Von nun
an hatten die drei Damen auf ihren Spaziergängen
immer einen Begleiter, der spannend von seinen kriegerischen Abenteuern zu erzählen wusste und, obwohl
er noch immer am Stock gehen musste, mit seiner
kräftigen, etwas gedrungenen Gestalt ein Bild starker
Männlichkeit bot. Imponierend aber war vor allem
sein kriegerischer Patriotismus, der sein schlichtes
soldatisches Gemüt mit einem Hauch von Poesie umgab. Dass er sich bei Literaturgesprächen in Schwei-
gen hüllte und bei Konzertbesuchen einzuschlafen
drohte, schien nur Zeugnis seiner heldenhaften Gradlinigkeit zu sein. Auf diese konnte man auch die

schüchtern und ungeschickt betriebene Werbung zurückführen, die die mit der Raffinesse des Hofes vertraute Gräfin Elisa sicher gerührt haben wird. Die Stärke seiner Neigung aber konnte er damit beweisen, dass er den vorgesehenen Termin seiner Abreise immer wieder verschob. Seine Hoffnung, die Angebetete zu einem Versprechen verlocken zu können, scheint sich erfüllt zu haben, denn der Brief, den er nach seiner Abreise nach Bad Pyrmont sandte, wo Mutter und Tochter noch eine Nachkur machten, geht aus von einem gegenseitigen Einverständnis, deutet aber auch schon die zu erwartenden Hindernisse einer Verbindung an.

Sein Schreiben vom 2. August 1808 aus Welle bei Tangermünde, das ahnen lässt, dass er Pferde und Schwerter besser zu führen verstand als die Feder, lautete so:

»Gnädigste Gräfin! Nicht allein Eigennutz, etwas von Ihren weißen Händen zu besitzen, veranlasst mich, Ihnen zu schreiben, sondern ich verbinde noch das Vergnügen damit, mich mit Ihnen unterhalten zu können, und weiß doch gewiss, dass, während Sie diese Zeilen lesen, Sie die Güte haben müssen, an mich zu denken. – Meine Reise habe ich bisher glücklich zurückgelegt, der Himmel war klar und unbewölkt, mich konnte dies aber nicht freuen, denn ich konnte es nicht ausstehen, wenn alles um mich her heiter ist, während ich mich den Träumen einer zweifelhaften Zukunft überlasse. – Wie ist es Ihnen in Nenndorf gegangen? Ich hoffe, vergnügt, und wünsche doch so herzlich, dass Sie wenigs-

tens den ersten halben Tag nach meiner Abreise nicht so ganz froh gewesen sein möchten. So groß ist meine Sehnsucht, dass ich sogar auf Kosten Ihres Vergnügens die Hoffnungen meines Herzens recht sehr ungern getäuscht wissen möchte. – Wie wird es aber in Pyrmont werden? Werden Sie nicht dort, meine innig verehrte Gräfin, über alle interessanten Bekanntschaften der blauen Farbe treu zu bleiben vergessen? Die Farbe der Beständigkeit hat, vorzüglich jetzt, tausendfachen Wert für mich, und das Schönste aus Ihren Händen selbst, ohne diese keinen Reiz für mich. – Aber was schreibe ich für dummes Zeug! Sie versprachen mir ein Geschenk, und ich mache schon Bedingungen! Um Gottes willen, Gräfin, nehmen Sie sich in Acht! – Habe ich nur etwas Hoffnung, so werde ich vernünftig. Sagen Sie mir nicht, dass Sie mir nicht abgeneigt sind, dann übertreibt meine Phantasie, dann werde ich unbändig und glaube schon das zu besitzen, – was ich herzlich empfinde, aber nicht nennen will, weil es so viele nennen, ohne es zu empfinden. Ist diese Hoffnung erst zur Überzeugung geworden, dann möchte mein lahmes Bein mich umsonst abhalten wollen, den weitesten Weg zurückzulegen, um mein Glück zu erreichen, meine krumme Hand stark genug sein, es festzuhalten, und mein deutsch ehrlicher Kopf die Mittel wohl finden, wodurch es mein werden muss.«

Zu den in jener Zeit nicht seltenen Offizieren, die glänzend zu schreiben verstanden, gehörte der Major von Lützow offensichtlich nicht. Doch sagen seine Briefe, die Gottfried Keller später nicht nur unge-

schickt, sondern auch »*kalt und hohl*« nannte, nur
etwas über seine Ungeübtheit im Verfassen von Briefen, nichts aber über die tatsächliche Stärke seiner
Gefühle, die zumindest beständig waren, wie sein
zweijähriges Warten bewies. Der Verdacht, dass sein
Ausharren auch mit seiner Armut und ihrem Reich-
tum zu tun hatte, ist zwar naheliegend, aber doch
irreführend, denn in der späteren Entwicklung dieser
Liebes- und Ehegeschichte spricht nichts dafür.

Wohl aber hingen die Hindernisse, die Lützow
erwartet hatte, mit den Unterschieden der Vermögenslage und des gesellschaftlichen Ranges zusammen. Elises Vater, der die Heirat genehmigen musste,
wünschte sich von seiner Tochter eine eheliche Verbindung mit dem Sohn einer Familie, die der seinen
ebenbürtig war. Lützow aber war ein Abkömmling
von Kleinadligen, der nicht mehr als seine Helden-
taten vorzuweisen hatte und seit seinem Abschied
von der Armee berufslos war. Ein an Hand und Fuß
lädierter Habenichts, der kein festes Einkommen hatte, wollte, so mochte Graf von Ahlefeldt denken,
durch Heirat wohlhabend werden. Denn wenn auch
die Tochter der nur männlichen Erbfolge wegen das
Erbe von Tranekaer ihrem Vetter Christian von Ahlefeldt überlassen musste, so hatte sie doch lebenslang
eine Apanage oder bei Heirat eine Mitgift zu erwarten, mit der ihr ein standesgemäßes Leben möglich
war.

Während die Mutter, die sich wohl von der Gut-
herzigkeit des hochdekorierten Kriegsmannes hatte

rühren lassen, dem Glück der geliebten Tochter nicht
im Weg stehen wollte, erwartete man das vom Vater
nicht. Erst als Mutter und Tochter Ende August wieder in Ludwigsburg waren, machten sie ihn mit der
beabsichtigten Heirat Elisas bekannt. Auf Antwort
mussten sie lange warten, so dass Lützow schon un-
geduldig wurde, wie er in einem Brief vom 1. Oktober schrieb. *»Ihrer verehrungswürdigen Frau Mutter
küsse ich die Hände in Gedanken und bitte Sie, ihr zu
sagen, dass ich mich gerne, um ihren Beifall zu haben,
in allen Tugenden üben wollte, aber Geduld in einem
gewissen Punkte, das ist eine Tugend, die ich nicht
erreichen werde, und, unter uns gesagt, nach der ich
nicht* strebe.«

In Geduld üben aber musste er sich noch lange,
denn nachdem der Graf erst mit der Bemerkung,
schlechte Romane gebe es schon genug und er wünsche nicht, seine Tochter zur Heldin eines weiteren
zu machen, seine Ablehnung der Heirat begründet
hatte, begann er später, als die Liebenden nicht voneinander lassen wollten, Bedingungen zu stellen, auf
die einzugehen, wie er wohl hoffte, Lützow unmöglich war. Er solle, so verlangte der Graf, die preußischen Dienste verlassen, um in Dänemark eine vom
Schwiegervater zu besorgende Stellung bei Hofe oder
auch im Forstwesen zu bekleiden, die eines Verwandten der Ahlefeldts würdig war. Darauf einzugehen
aber war dem Patrioten Lützow tatsächlich nicht möglich. Sein Abschied von der Armee war von ihm und
der Armeeführung nur als ein vorläufiger verstanden

worden, und die geheimen Aufgaben, die ihm danach anvertraut worden waren, hielten ihn nicht weniger als sein soldatisches Pflichtbewusstsein in Preußen fest.

Zeitweilig scheint er Elisa verdächtigt zu haben, die Ablehnung des Vaters nur als Vorwand zum Bruch ihres Versprechens zu nutzen, doch als sie ihm zum Beweis ihrer Ehrlichkeit die Briefe ihres Vaters schickte, bestritt er, ein solches Misstrauen jemals gehabt zu haben. *»Habe ich Misstrauen, so ist es an meiner eignen Liebenswürdigkeit, so entspringt es aus dem Zweifel, dass Ihnen ein schlichter, grader Sinn nicht Ersatz genug sein wird für Bildung und feine Welt.«* Als sie ihm dann versicherte, ein glückliches Leben mit ihm höher als eines in der vornehmen Gesellschaft zu schätzen, musste er sie doch darauf hinweisen, dass auch er aus einer Familie stammte, die zwar gegenwärtig nicht mehr wohlhabend war, aber in der Vergangenheit doch eine große Bedeutung gehabt hatte, zumindest der mit der Sturmleiter im Wappen verbundenen Sage nach. *»Sie haben«*, schrieb er, *»zu viel eigenes Verdienst, um das Ererbte höher zu schätzen; es gehört aber viel Geistesstärke dazu, dem Fehler des Zeitalters, der Sucht zu glänzen, zu widerstehen. Wenn der Vater Fürst ist, wird der Tochter ein fühlend Herz Ersatz genug für äußeren Glanz sein? Meine Vorfahren haben zwar das Herzogthum Verona besessen, mir aber, gute Elise, bleibt nichts übrig als die Leiter, welche diese Stadt und ich im Wappen führen. Doch eine Leiter ist genug für mich, ist mir das*

Wappen der Familie von Lützow.

Glück beschieden, damit Ihr Herz zu erstürmen, und ich versichere Sie, dass das, was ich besessen habe, mir durch keinen entrissen werden *kann. Geben Sie mir diesen Trost, und ich bin glücklich.«*

Das Jahr 1809, in dem Österreich vergeblich die Vorherrschaft Napoleons durch Krieg zu brechen versuchte, der vorsichtige preußische König aber gegen den Willen der Patrioten Neutralität bewahrte, verbrachte Elisa im stillen Ludwigsburg bei ihrer Mutter, während Lützow sich wieder in Kriegsabenteuer stürzte und Elises Vater in der Heiratsfrage unerbittlich blieb. Als Anfang April die österreichische Armee gegen Napoleon marschierte und der Oberst von Dörnberg in Westfalen einen Aufstand versuchte, hielt Ferdinand von Schill, den 1807 der Partisanenkampf um die belagerte Festung Kolberg schon zum bewunderten Volkshelden gemacht hatte, die Zeit zum Losschlagen für gekommen und brach gegen den Willen der Armeeführung und des Königs mit seinen in Berlin stationierten Husaren zum Kampf gegen Napoleon auf. In der Illusion befangen, sein Vordringen in Napoleons Herrschaftsgebiet würde einen Volksaufstand entfachen, überquerte er mit seiner kleinen Streitmacht die Elbe, musste aber schon nach den ersten Kämpfen erkennen, dass die erhoffte Signalwirkung ausblieb und sein Untergang absehbar war. Lützow, der sich ohne Zögern dem illegalen Feldzug seines Freundes angeschlossen hatte, gehörte zu denen, die Schill zur Fortführung des aussichtslosen Kampfes ermunterten, doch erlebte er selbst das traurige Ende der tapferen, aber unklugen Helden nicht mit. Im Gefecht bei Dodendorf nahe Magdeburg wurde er durch einen Schuss in die Brust schwer verwundet und von Freunden bei den Bismarcks in Schönhausen und an anderen Orten vor den Franzosen versteckt. Während Schill in den Straßen Stralsunds endete und elf seiner Offiziere in Wesel von den Franzosen standrechtlich erschossen wurden, wurde Lützow in Schöneiche bei Berlin gesund gepflegt. Das Haus, in dem ein Privatmann den Verwundeten von Mai bis September verborgen hatte, ist bis heute mit einer Gedenktafel versehen.

Da sich die Überlebenden von Schills illegalem Abenteuer vor dem Kriegsgericht zu verantworten hatten, war auch der wiederhergestellte Lützow im September 1809 im ostpreußischen Königsberg zu fin-

den, wohin der König im Herbst 1806 geflohen war.
Mit der Begründung, dass er bei seinem Eintritt in
Schills Truppe nicht der Armee angehört hatte und
als Mecklenburger von der preußischen Justiz nicht
belangt werden konnte, wurde er freigesprochen,
doch minderte das seine Verbitterung nicht. Er miss-
billigte die abwartende Politik des Königs, und Schills
Unternehmen wollte er als Heldentat anerkannt wissen, nicht als Insubordination. Auch fühlte er sich
unwohl in der vornehmen Gesellschaft von Hofleuten
und Generälen, und die Politiker, die einen Ausgleich
mit Napoleon anstrebten, waren ihm genauso unsym-
pathisch wie ihre Gegner, die antinapoleonischen Patrioten um Scharnhorst, Clausewitz und Boyen, die
zwar seine Gesinnungsgenossen waren, deren kluges
Abwarten aber seiner Gradlinigkeit und Kampfeslust
widersprach.

»*Meine beste Elise!*«, so überschrieb er den Brief,
der, ungeschickt wie immer, seinen Charakter wie
kein anderer enthüllt. »*Dein Brief war mir ein wahrer
Trost in der Wüste. Königsberg bleibt für mich eine
Wüste, denn was ist die schönste Gegend ohne Bewoh-
ner, und was helfen uns Menschen, wenn nicht gleiche
Charaktere uns verbinden? Liegt es an mir, kurz, ich
gefalle mir nicht hier. Ich finde hier dieselben Leute,
mit welchen ich in Potsdam lebte, als ich bei der Garde
stand. – Die Umgebungen des Königs sind mit wenigen
Ausnahmen dieselben, und das herbe Schicksal hat sich
umsonst erschöpft, ihnen die Augen zu öffnen. – Das
Korps Offiziere der Garde, welches die ganze Cam-*

pagne durch beinahe nie vor dem Feinde gewesen, ist schwach genug zu glauben, es sei ein größeres Verdienst, bei dem König zu leben, als für ihn zu sterben. – Die Menschen hier sind in zwei Parteien geteilt und hassen sich auf eine fanatische Art; und dennoch sind beide Teile sich völlig gleich, denn jeder liebt nur sich selbst. – Die eine Partei sucht zwar durch einen sogenannten Patriotismus sich Wert zu geben, die andere setzt in eine kalte Klugheit ihren Wert, beide sind aber darin gleich, dass sie mit einem Heißhunger jeden einträglichen Posten zu verschlingen suchen. – Keiner weiß, was ich eigentlich hier will, denn etwas für sich zu suchen und zu bitten, natürlich, darum kann man nur in Königsberg sein. Dass ich mir die Sache eigentlich besehen will, wie man in die Komödie geht, ohne selbst Lust zu haben, etwas vom Gehalte des Schauspiels zu erwischen, das glauben sie nicht. – Öfters stoßen sie sich auch an und glauben, ich sei verrückt, wenn ich deutlich zu erkennen gebe, dass fürchterliche Ordenssterne himmelweit von großen Verdiensten verschieden sind. – Die Frau, deren Mann der Zufall früh einen tiefen Blick in den Glanz der Welt tun ließ, braucht nicht zu besorgen, dass er das stille häusliche Glück diesem Prunke zurücksetzen werde. Am wenigsten dann, wenn sie eine Elise ist und zärtlich von ihrem Gemahl geliebt wird, als Du von Deinem Adolph.«

Gegen Ende des Jahres wurde das zähe briefliche Ringen um die väterliche Heiratserlaubnis dadurch beendet, dass Elisa nach Langeland reiste, den Vater von der Festigkeit ihres Entschlusses überzeugte und seine Einwilligung zur Heirat erhielt. Nun musste noch darüber verhandelt werden, welche jährlichen Abfindungen vom Vater und seinem männlichen Er- ben, Elises Vetter Christian, zu zahlen waren, dann richtete der Vater die Hochzeit aus. Sie wurde am 20. März 1810 auf Schloss Tranekear gefeiert, und da Lützow es abgelehnt hatte, sich von seinem Schwie- gervater in eine dänische Stellung lancieren zu las- sen, kehrte er mit seiner nun Angetrauten wieder zurück nach Preußen, wo ihm die Wiederaufnahme in die Armee zugesichert worden war. Zwar musste er darauf noch ein Jahr warten, und auch dann wurde er nicht in den aktiven Dienst aufgenommen, son- dern bezog nur das Wartegehalt eines Majors. Da er aber wusste, dass das preußische Heer, das seit dem Diktatfrieden von Tilsit nur eine geringe Truppen- stärke haben durfte, von Scharnhorst heimlich auf- gerüstet wurde und Gneisenau ihn in seinem 1811 entwickelten Geheimplan als einen der Organisato- ren des erhofften Volksaufstandes vorgesehen hatte, gab er die Hoffnung auf eine baldige Verwendung im Kampf gegen Napoleon nicht auf.

Die Poesie des Krieges

Während die Spannungen zwischen Frankreich und Russland größer wurden, sich das ohnmächtige Preußen aus berechtigter Sorge um seine Existenz zu einem Militärbündnis mit dem französischen Kaiser bereit finden musste und Napoleons Armeen Preußen durchzogen, um im Sommer 1812 in Russland einzufallen, verlebte das junge Paar seine ersten Ehejahre in Berlin. Wirtschaftlich war die Stadt nach der Niederlage von 1806 arm geworden, aber das reiche kulturelle Leben hatte überstehen und wachsen können, und durch die Gründung der Universität im Sommer 1810 hatte sich die geistige Elite der Stadt beträchtlich vermehrt. Auch war der Glanz des Hofes wiederhergestellt worden, nachdem König Friedrich Wilhelm III. im Dezember 1809 in die Stadt zurückgekehrt war. Zwar mussten sich Stadt und Hof nach dem Tod der Königin Luise im Sommer 1810 lange Zeit in Trauer hüllen, doch wurden durch die Anwesenheit der Hof- und Regierungsmannschaft Handel und Wandel weiterhin belebt.

Anders als Lützow, der sich in Kreisen, in denen

nicht von Pferden und Waffen gesprochen wurde, wahrscheinlich langweilte, konnte Elisa alles genießen, was sich ihr hier an geselligen und kulturellen Eindrücken bot. Da gab es die Feste des Hofes, zu denen das Paar Zugang hatte, die Konzerte und Gespräche in den Häusern des Adels und der wohlhabenden Bürger, und es gab das Theater, das unter Ifflands Leitung zum bedeutendsten in Deutschland geworden war. Neben Stücken von Lessing, Schiller und Goethe wurden auch leichte Komödien und Singspiele gegeben, die nicht nur vom König bevorzugt wurden, sondern auch dafür sorgten, dass die Bühne für breite Bevölkerungsschichten ein Anziehungspunkt war. Elisa, die überall ihrer Schönheit und Klugheit wegen bewundert wurde, fiel es leicht, sich hier einzuleben. Auch konnte sie Freundschaften schließen, von denen die mit dem Ehepaar Solger für sie wohl die wichtigste war. Der aus Schwedt an der Oder stammende Philosoph und Altphilologe Karl Wilhelm Solger, ein Freund Ludwig Tiecks, der 1811 an die Berliner Universität berufen wurde, lernte in diesen Jahren seine spätere Frau Henriette von Groeben kennen, mit der Elisa auch noch nach dem frühen Tod des Philosophen befreundet blieb. Die etwa zweieinhalb Vorkriegsjahre, die Elise in Berlin verbrachte, ließen sie hier so heimisch werden, dass sie im Alter, als die großen Enttäuschungen hinter ihr lagen, nicht in ihre dänische Heimat zurückkehrte, sondern hier ihr Leben beschloss.

Es waren spannungsreiche Jahre, die das junge

Paar hier verlebte. Die vom Freiherrn vom Stein begonnenen Reformen, die nun vom Staatskanzler Hardenberg weitergeführt wurden, hatten politische Auseinandersetzungen zur Folge, in die auch Heinrich von Kleist durch seine »Berliner Abendblätter« verwickelt war. Die sich erst Jahrzehnte später organisierenden Parteien der Konservativen und Liberalen hatten hier schon ihre Vorläufer, und die Salons, die vor 1806 vorwiegend schöngeistig ausgerichtet waren, politisierten sich. Reformfreunde und -feinde standen sich gegenüber, aber als der Staatskanzler am 24. Februar 1812 das Militärbündnis mit Frankreich schließen musste, taten sich neue, diese Parteiungen durchkreuzende Fronten auf. Da der Vertrag den französischen Truppen nicht nur Durchmarsch- und Requisitionsrechte einräumte, sondern auch Preußen verpflichtete, sich mit 20 000 Soldaten an der Invasion zu beteiligen, entschlossen sich viele teils liberale, teils aber auch konservative Offiziere, den Abschied zu nehmen, um auf russischer Seite gegen Napoleon in den Krieg zu ziehen. Einer von diesen war Carl von Clausewitz, der als Vertreter des russischen Heeres in den letzten Tagen des Jahres 1812 mit dem stockkonservativen General von York, dem Kommandeur der in Russland stehenden preußischen Truppen, über deren Neutralisierung verhandelte und die sogenannte Konvention von Tauroggen herbeiführte, die wie das Signal zum Befreiungskrieg wirkte − und auch dem Major von Lützow signalisierte, dass die Zeit seiner Untätigkeit nun zu Ende war.

Nach der katastrophalen Niederlage, die Napoleon in Russland erlitten hatte, stimmte nun auch der vorsichtige Friedrich Wilhelm III. im Januar 1813 der Vorbereitung eines Befreiungskrieges gegen den französischen Unterdrücker zu. Von Breslau aus, wohin er sich begeben hatte, weil in Schlesien keine französischen Truppen standen, betraute er Scharnhorst mit allen Vollmachten, die zur Organisation einer raschen Aufrüstung nötig waren, und so wirkungsvoll wie dieser in den vergangenen Jahren die Heeresreform durchgeführt hatte, sorgte er nun für den Aufbau einer starken Armee. Nach seinem Grundsatz, dass jeder Bürger des Staates auch dessen Verteidiger sein sollte, erließ er in den kommenden Wochen nach und nach die Gesetze, durch die neben der regulären Truppe auch Einheiten von Landwehr und Landsturm gebildet wurden, deren Aufgabe die Verteidigung der engeren Heimat war. Die Aufforderung an die jungen Männer, sich als sogenannte Freiwillige Jäger zu melden und auf eigne Kosten auszurüsten, war besonders bei der bürgerlichen und studentischen Jugend erfolgreich, wie überhaupt der oft gerühmte Patriotismus von 1813 in den gebildeten Schichten, die dann auch die Sicht der Nachwelt bestimmten, besonders ausgeprägt war. Schwerer dagegen war die Landbevölkerung für den Krieg zu gewinnen. So machte zum Beispiel die Aufstellung der Landwehr in den märkischen Kreisen nur dort merkliche Fortschritte, wo energische Organisatoren wirksam waren, wie der Major Friedrich August Ludwig von der

Marwitz im Kreis Lebus. In einem Fall, bei den Spree-
waldwenden der Cottbuser Gegend, kam es sogar zu
einer Meuterei.

Die insgesamt doch erstaunliche Welle des Patriotismus war vor allem durch die schlechten Erfahrungen entstanden, die man in den Jahren seit 1806 mit
den französischen Truppen gemacht hatte. Die bedrü-
ckenden Einquartierungen, Plünderungen, Kontri-
butionen, Steuererhöhungen und Geldentwertungen,
die man hatte erdulden müssen, waren auf Napoleon
zurückzuführen, so dass der Sieg über ihn das Ende
aller Übel verhieß. Auch war der Krieg, zu dem man
nun rüstete, von seinen Propagandisten, wie Ernst
Moritz Arndt und Friedrich Ludwig Jahn, als ein
Kampf deklariert worden, der sowohl der Befreiung
Preußens und ganz Deutschlands von der Herrschaft
Napoleons als auch einer Befreiung im Innern galt. So
wurden die Freiwilligen, die die Werbebüros füllten,
sowohl von Franzosenhass als auch von ihrer Treue
zum preußischen König getrieben, und auch das gerade erwachte nationale Bewusstsein, für das in der Zeit
der Besatzung Fichtes »Reden an die deutsche Nation« ein Zeichen gesetzt hatten, spielte mit hinein.
Selbst der Aufruf »An mein Volk« vom 17. März, der
im Namen des Königs von Theodor von Hippel ver-
fasst wurde, sprach von *»Preußen und Deutschen«*, so
dass Preußen von vielen für den Vorkämpfer deutscher Einheit und Freiheit gehalten wurde, was auch
der Zulauf von Freiwilligen aus nichtpreußischen
deutschen Ländern bewies. Um diese aufnehmen zu

können, wurden auf Anregung des Staatskanzlers
Hardenberg Freikorps gebildet, von denen dann das
von Lützow geführte das größte und bekannteste war.
Schon am 9. Februar 1813 hatten die außer Dienst
stehenden Majore von Lützow und Friedrich von Petersdorff den König um die Genehmigung zur Aufstellung eines solchen Korps gebeten, und dieser hatte
wenig später schon zugestimmt. Hauptsächlich sollten hier Nichtpreußen aufgenommen werden, die
sich selbst ausrüsten konnten, aber Lützows Bekannt-
heit zog auch viele Gleichgesinnte aus Preußen an.

Da der König und die Armeeführung in Breslau
und Umgebung ihre Quartiere hatten und alle Auf-
rufe und Gesetze von dorther erlassen wurden, ström-
te auch die Masse der Freiwilligen dorthin. Unter
ihnen war auch der Student Leopold von Gerlach,
Sohn des ersten gewählten Berliner Oberbürgermeis-
ters, der, wie in seinem Tagebuch nachzulesen, in der
Masse der Freiwilligen drei unterschiedliche Parteien, nämlich die Aristokraten, die Demokraten und
die Anarchisten, erkennen zu können meinte, die
nichts einte als der Franzosenhass. Als Anführer der
Demokraten sah der junge Konservative Jahn und
Lützow, und er unterstellte ihnen, *»Feinde des Adels,
des Feudalismus, der Frondienste, der Leibeigenschaft,
der Patrimonialgerichtsbarkeit und der Stifte«* zu sein.
Unter Anarchisten verstand er wahrscheinlich die
Masse der Fußtruppen, zu der auch Überläufer aus
anderen Armeen, Landstreicher und Kriminelle gehörten, die die Freikorps in der Hoffnung bevorzug-

ten, dort nicht so sehr der Disziplin der regulären
Armee unterworfen zu sein.

Als das Ehepaar Lützow Breslau erreichte, war die
Stadt schon von Militär überfüllt. Alle besseren Gast-
höfe waren belegt von Beamten oder militärischen
Stäben. Um sein Werbebüro eröffnen zu können,
musste Lützow mit einem Haus minderer Güte vor-
liebnehmen, das großspurig »Zum goldnen Zepter«
hieß. Die aus allen Himmelsrichtungen kommenden
Freiwilligen, die sich dorthin durchgefragt hatten,
konnten hier die Überraschung erleben, dass sie nicht
von einem bärbeißigen Korporal empfangen wurden,
sondern von einer liebenswürdigen jungen Schönen,
deren Anblick den romantisch getönten Patriotismus, der viele der jungen Krieger hierhergeführt
hatte, wunderbarerweise zu bestätigen und zu erhöhen schien. So rein und erhaben, wie Elise in dieser
tristen Umgebung wirkte, schwebte ihnen auch die
edle Sache vor Augen, für die sie vorhatten, ihr Leben zu wagen, und da viele von ihnen aus gebildeten
Familien kamen und die Universitäten durchlaufen
hatten, wirkte die junge Frau, die ihre vaterländische
Begeisterung teilte, wie eine Gestalt aus der roman-
tischen Poesie.

Da die Quartiere, die dem Freikorps angewiesen
worden waren, nicht in Breslau, sondern in dessen
näherer und weiterer Umgebung lagen, war Lützow
ständig zwischen den Dörfern und Städtchen unter-
wegs. Während Elise die Ankommenden zu empfangen, zu registrieren und in die Quartiere einzuweisen

Werbebüro des Freikorps Lützow in Breslau.
Zeichnung von Richard Knötel.

hatte, musste Lützow in den Standorten für Ordnung
sorgen, in einigen Fällen auch Leute, die sich nicht
disziplinieren ließen, wieder nach Hause schicken
und sich bei militärischen Dienststellen um Pferde,
Waffen und Uniformen bemühen.

Die »Lützower«, wie sie bald genannt wurden,
amtlich aber »Königlich Preußisches Freikorps« hie-
ßen, unterschieden sich von den regulären Truppen
auch durch ihre Uniformen, für die aus praktischen
Gründen, weil man dadurch zivile Kleidung am besten umfärben konnte, das Schwarz gewählt worden

war. Durch rote Einfassungen und goldne Knöpfe wurde das Schwarzrotgold vorgegeben, das nach dem Kriege durch die Burschenschaften zum Symbol für ein liberales einiges Deutschland wurde und als solches bis heute gilt. Wohl nicht die Masse der Mannschaft, aber doch die politischen Köpfe unter ihnen, die den Ton angaben und das Bild des Korps in der Nachwelt bestimmten, fühlten sich als Vorkämpfer eines vereinten Deutschland ohne Ständeschranken, dessen politische Ordnung allerdings nebelhaft war. Man schwärmte von der Kaiserherrlichkeit des Mittelalters oder hoffte auf einen Verfassungsstaat, war sich aber einig im Hass auf Napoleon.

Das hohe Ansehen, das die Lützower in der Nachwelt genossen und bis heute genießen, das aber zu ihrer Zeit die Armeeführung nicht teilte, ist nicht ihren militärischen Erfolgen, die mäßig waren, zu danken, sondern teils dem Abenteuerlichen ihrer Kriegsführung, das ihnen aber nicht lange gestattet wurde, teils der späteren Traditionspflege, besonders durch die Burschenschaften, vor allem aber den vielen Berühmtheiten unter ihnen, in deren Biographien man immer wieder auf diese Truppe stößt.

Als Erster ist da der junge, begabte Dichter Theodor Körner zu nennen, der während des Feldzuges in leicht eingängigen, schwungvollen Versen Vaterlandsliebe, Kriegsbegeisterung und Todesahnung besingen konnte und das Lied von »Lützows wilder verwegener Jagd« verfasste, das in der Vertonung von Karl Maria von Weber noch heute gesungen wird. In Versen wie

Offiziere und Soldaten des Freikorps Lützow.
Aquarell von Richard Knötel.

»Es ist kein Krieg, von dem die Kronen wissen« oder
*»Uns knüpft der Sprache heilig Band, / Uns knüpft ein
Gott, ein Vaterland«* war es ihm auch gegeben, die
utopischen Ziele eines von Fürsten befreiten einigen
Deutschland zu formulieren. Und in seinem »Aufruf
an das Volk der Sachsen«, den er, selbst gebürtiger
Sachse, auf dem Marsch nach Dresden verfasste, wird
deutlich, dass sich die Truppe als Vorhut einer stände-
losen Gesellschaft verstand. *»Es ist in unserer Schar
kein Unterschied der Geburt, des Standes, des Landes.
Wir sind alle freie Männer.«*

44

Theodor Körner, 1813.
Gemälde von Emma Körner.

Da gab es den aus Mecklenburg stammenden Maler Georg Friedrich Kersting, der später durch sein Gemälde »Auf Vorposten« an das Freikorps erinnerte, den Schriftsteller Friedrich Förster aus Dresden, der eine dreibändige Geschichte der Befreiungskriege verfasste, und die Maler Friedrich Olivier und Philipp Veit. Der aus Thüringen stammende Pädagoge Friedrich Fröbel traf dort mit dem oberschlesischen Dichter Joseph von Eichendorff zusammen, und aus Berlin kamen die ungleichen Freunde Friedrich Friesen und Friedrich Ludwig Jahn. Beide hatten sich schon bei der Gründung des Freikorps als Werber betätigt, beide wurden bald Offiziere, aber nur Friesen konnte sich als solcher bewähren, der selbstherrliche und chaotische Jahn, der zeitweilig sogar ein Bataillon Infanterie führte, dem aber die militärische Unterordnung nicht behagte, gab den Ausflug ins Militärische nach einem halben Jahr wieder auf. Frau von Lützow, die den grobschlächtigen Jahn sicher nicht ausstehen konnte, war dem feinsinnigen Leutnant Friesen, in dem sich Bildung und edle Erscheinung mit dem Nimbus des Helden paarte, wahrscheinlich mehr als gewogen. Ihre Liebe zu ihm, die keiner Enttäuschung ausgesetzt war, weil sie unerfüllt blieb, überdauerte auch seinen frühen Tod.

Auf Vorposten 1813.
Gemälde von Georg Friedrich Kersting, 1815.

Unerfüllte Liebe

Karl Immermann, der Elisa wahrscheinlich besser als jeder andere Mann kannte, hat sie in
seinem 1836 erschienenen Zeitroman »Die Epigonen«, der die Zustände der Restaurationsepoche mit
ihrer politischen Stagnation und dem Beginn der
Industrialisierung beleuchtet, unter dem Namen Johanna als eine von Trauer umflorte deutsche Gräfin
gestaltet, die hauptsächlich von der Erinnerung an
ihre Jugendjahre während der *»großen Zeit«* der Befreiungskriege lebt. Ihr Vater und ihre Erzieherin
hatten sie *»frei und ungezwängt«* aufwachsen lassen,
alles *»Gemeine und Eitle«* aber von ihr ferngehalten,
weshalb auch in ihrem Zimmer kein Spiegel hing.
Als dann aber nach jenem Winter 1812/13 *»mit seinen
Eis- und Leichenfeldern«* die Männer in den Kampf
um die Befreiung zogen und sie mit anderen Frauen
*»die Binden zuschnitt, welche das Blut der Wunden
hemmen sollten«,* begann für sie die Zeit der Helden,
die alles, was sie je von Griechen, Römern und Rittern
gehört und gelesen hatte, in den Schatten stellte und
für sie *»die hohe Brautwoche, der süße Honigmond«*

Elisa von Lützow, geb. Gräfin von Ahlefeldt-Laurvig
(mit Eisernem Kreuz). Künstler unbekannt, etwa 1815.

ihres Lebens war. Denn sie hing an einem der Helden
mit einer Liebe, die unerfüllt bleiben musste und die
deshalb auch unvergänglich blieb.

»*Ja, wenn es eine Liebe je auf Erden gegeben hat, so
habe ich geliebt! … Die zärtlichste Empfindung war
eins mit der heiligsten und größten! Im Waffenschmuck
trat er mir entgegen, dem Kampfe sich entgegensehnend, in den er nach wenigen Wochen zog. Mild war er
und edlen Zornes zugleich voll, nie hat ein reineres,
tugendhafteres Herz unter dem Rocke des Kriegers geklopft. Er war wie ein Verschlagener von einer fernen
seligen Insel unter uns andern. Die Augen pflegte er zu
senken, als erliege seine Seele unter ihrer eignen Größe. Stumm war unsere Liebe und ohne Erklärung.
Nur, als ich ihm beim Abschiede die Feldbinde reichte,*

*verstanden sich unsere Blicke. Er zog dahin und ich
sah ihn nicht wieder.«*

Ein Jugendbildnis Friedrich Friesens, eine Kreide-
zeichnung des Magdeburger Porträtmalers Karl Sieg,
zeigt ihn mit gesenkten Augenlidern, wohl in einem
Buche lesend — oder, wie Immermann es deutete, wie
einer, der unter eigner Seelengröße erliegt. Dass spätere Kopisten dieses Bildes aus dem Lesenden oder
Sinnenden einen jungen Mann mit strahlend offnen
Augen machten, ist für die Erinnerung bezeichnend,
in der er nach seinem frühen Tode weiterlebte, als
Turner und Fechter nämlich, vor allem aber als
Kampfgefährte Lützows und des Turnvaters Jahn.

Befreundet waren Jahn und Friesen tatsächlich,
charakterlich aber waren sie Gegensätze, was auch in

Der junge Friedrich Friesen.
Zeichnung von Karl Sieg.

ihrem Äußeren in Erscheinung trat. Der schlanke Friesen war von klarem Verstand und taktvollem, zurückhaltendem Wesen, der gedrungene Jahn mit wuchtigem Schädel war aufbrausend, gefühlsgeleitet, neigte zu Gewalttätigkeiten und war in besseren Kreisen seines flegelhaften Benehmens wegen verschrien. Hätten nicht die gleichen Ziele die Freunde verbunden, wäre der feingliedrige Friesen mit seiner sanften Stimme dem stämmigen Jahn sicher zuwider gewesen, als Kampfgefährten aber wusste er ihn zu schätzen, weil er auch auf Leute wirkte, die ihn selbst für einen ungehobelten Narren hielten. Friesen nach seinem frühen Tode zu einer Siegfriedgestalt zu erhöhen war für Jahn also naheliegend. Im Vorwort zu seiner »Deutschen Turnkunst« von 1816 ehrte er ihn mit folgendem Nachruf:

»Friesen war ein aufblühender Mann in Jugendfülle und Jugendschöne, an Leib und Seele ohne Fehl, voll Unschuld und Weisheit, beredt wie ein Seher; eine Siegfriedsgestalt von großen Gaben und Gnaden, den Jung und Alt gleich lieb hatte; ein Meister des Schwerts auf Hieb und Stoß, kurz, rasch, fest, fein, gewaltig und nie zu ermüden, wenn seine Hand erst das Eisen fasste, ein kühner Schwimmer, dem kein deutscher Strom zu breit und zu reißend; ein reisiger Reuter in allen Sätteln gerecht; ein Sinner in der Turnkunst, die ihm viel verdankt. Ihm war nicht beschieden, ins freie Vaterland heimzukehren, an dem seine Seele hielt. Von wälscher Tücke fiel er bei düsterer Winternacht in den Ardennen. Ihn hätte auch im Kampfe keines Sterblichen Klinge

gefället. Keinem zu Liebe und keinem zu Leide. – Aber wie Scharnhorst unter den Alten, ist Friesen von der Jugend der Größeste aller Gebliebenen.«

Auch Ernst Moritz Arndt, der die Befreiungskriege von Anfang bis Ende mit seinen Gedichten begleitete, von denen einige wie »Der Gott der Eisen wachsen ließ« oder »Was ist des Deutschen Vaterland« auch weite Verbreitung fanden, hat ebenfalls im Jahre 1816 in seinem langen Gedicht »Klage um drei junge Helden« Friesen, dem *»besten Sohn«* Magdeburgs, fünf Strophen gewidmet, in denen aber im Unterschied zu Jahns Hymnus von Friesens Turn-, Schwimm- und Fechtkünsten gar nicht, viel aber von seiner Frömmigkeit und Schönheit die Rede ist. Während die *»Englein«* im Himmel ihn willkommen heißen, müssen die *»Jungfrauen«* auf Erden trauern, weil ihnen diese *»Blume der Schönheit«*, die nur die Liebe zu Deutschland kannte, entzogen ist. *»War je ein Ritter edel, / Du warst es tausendmal, / Vom Fuße bis zum Schädel / Ein lichter Schönheitsstrahl; / Mit kühnem und stolzen Sinne / Hast du nach der Freiheit geschaut, / Das Vaterland war deine Minne, / Es war dir Geliebte und Braut.«*

Dass Friesen und Elisa von Lützow sich schon von Berlin her kannten, ist anzunehmen, doch scheint das hauchzarte Liebesverhältnis, das sich vielleicht tatsächlich nur in Blicken äußern konnte, erst in den Wochen der Freikorpswerbung, also im Februar 1813 entstanden zu sein. Jahn und Friesen, die schon bald nach dem König in Breslau eingetroffen waren, gehörten zu den eifrigsten Werbern, und da sie viele Anhänger unter Studenten und Turnern hatten, waren sie auch sehr erfolgreich damit.

Friesen, der zwei Jahre jünger war als sein Kommandeur Lützow und vier Jahre älter als Elise, war 1784 als Sohn eines städtischen Steuerbeamten in Magdeburg geboren worden. Die Bildung, die ihm die Altstädtische Bürgerschule vermittelt hatte, war wahrscheinlich dürftig gewesen, aber durch Selbststudien hatte er ihre Vervollkommnung erreicht. Nach dem frühen Tod des Vaters war die Mutter im Jahre 1800 mit ihm nach Berlin gezogen, wo der Sechzehnjährige die von David Gilly 1799 gegründete Bauakademie besucht hatte, dann aber nicht im Baufach tätig geworden war. Als Zeichner von Landkarten hatte er bei Alexander von Humboldt Arbeit gefunden, war aber dem Weltreisenden und Kosmopoliten, der der besseren Studienmöglichkeiten wegen Berlin mit Paris vertauscht hatte, nicht nach Frankreich gefolgt. Als Alexander von Humboldt im hohen Alter, nämlich 1857, in Ludmilla Assings Biographie der Gräfin Elise von ihrer Zuneigung zu Friesen gelesen hatte, äußerte er, der sich auch auf Männerschönheit verstand, Verständnis dafür. In Lützow habe sie doch nur den *»kräftigen Repräsentanten einer edlen politischen Meinung«* lieben können, anders sei das mit Friesen gewesen, *»der 1807 so viel mit mir an dem mexikanischen Atlas gearbeitet«* habe, *»der mir so teuer war, dem ich viel war«*. Er habe ihn an anderer Stelle *»mit Zärtlichkeit erwähnt«*.

Napoleons Sieg über Preußen und die jahrelange Bedrückung durch die Besatzung hatten auch bei Friesen ein Nationalbewusstsein wachsen lassen, das wahrscheinlich durch Fichtes »Reden an die deutsche Nation«, die dieser unter den Augen der französischen Besatzung im Winterhalbjahr 1807/08 gehalten hatte, verstärkt worden war. Die darin entwickelten Ideen einer Nationalerziehung hatten in Friesen den Entschluss, Lehrer zu werden, reifen lassen, und da Fichte Pestalozzis Pädagogik empfohlen hatte, wählte sich Friesen Plamanns Privatschule als Wirkungsstätte, wo er dann Jahns Kollege war.

Die Plamann'sche Erziehungsanstalt, eine Internatsschule für Knaben, deren prominentester Schüler später Otto von Bismarck wurde, befand sich am

Friesen als Lützower.
Zeichnung von Friedrich Olivier, 1813.

südlichen Ende der Wilhelmstraße, Nummer 139, in der Nähe des Rondells, das später den Namen Belle-Alliance-Platz führte und heute, baulich entstellt, Mehringplatz heißt. Die Schule war 1805 von dem Pädagogen Johann Ernst Plamann, einem Schüler Pestalozzis, gegründet worden und hatte sich die praktische Erprobung von Pestalozzis Methoden zur Aufgabe gemacht. Durch die dort tätigen jungen Lehrer Jahn und Friesen, Wilhelm Harnisch und Friedrich Fröbel, die alle 1813 zu den Lützowern gingen, wurde die Erziehung sehr national ausgerichtet, und die stark betonte sportliche Ausbildung, die vor allem von Jahn befördert wurde, war auch als Wehrertüchtigung gedacht. Da Jahn sich nicht mit der schon an anderen Reformschulen erprobten Gymnastik begnügte, sondern mit seinen Schülern auch ins Freie wanderte und mit ihnen Kampf- und Wettspiele in verschiedenen Sportarten machte, liefen ihm bald auch andere Schüler und Studenten zu. Das Turnen, ein von ihm erfundener Begriff, den er vom mittelalterlichen Turnier abgeleitet hatte, wurde bald zu einer öffentlichen Sache, und sein Turnplatz in der Hasenheide, den er 1811 eröffnen konnte, wurde zu einer Berliner Sehenswürdigkeit.

Während der burschikose Jahn, der, immer von Freiheit redend, selbst despotische Züge hatte, die Massen seiner jungen Anhänger begeistern konnte, setzte Friesen mehr auf eine individuelle Erziehung, die er außerhalb der Schule besonders in der Fechtkunst ausübte, in der er Meister war. Er versammelte in seiner sogenannten Fechtbodengesellschaft vor allem Studenten, Beamte und Offiziere um sich, denen das Fechttraining als Vorbereitung auf den Krieg gegen Napoleon galt. Als sich Jahn und Friesen dann entschlossen, den zahlreichen geheimen Zusammenschlüssen von Napoleonfeinden eine eigne Organisation hinzuzufügen, waren auch Friesens Fechtschüler dabei. Am Abend des 14. November 1810 wurde in einem Wäldchen südlich des Halleschen Tores, also wohl in der Hasenheide, in Nachahmung des Rütlischwures der Deutsche Bund gegründet, dessen Mitglieder sich Eidgenossen nannten und damit zeigten, dass ihnen Schillers »Wilhelm Tell«, den Iffland bald nach der Weimarer Uraufführung 1804 auch in Berlin erfolgreich in Szene gesetzt hatte, in bester Erinnerung war.

Da alle diese geheimen Verbindungen sich als Keimzellen des erwarteten Volksaufstandes verstanden, dieser aber nie erfolgte, hätte man sie möglicherweise bald wieder vergessen, wenn sie nicht in der Restaurationsepoche als angeblich revolutionär angeklagt worden wären. So geschah es auch dem Deutschen Bund. Alles, was wir über diesen wissen, kam in einem Prozess zur Sprache, der 1819 in Berlin gegen Jahn geführt wurde und vom Kammergerichtsrat E. T. A. Hoffmann ausführlich protokolliert worden ist. Dass darin Jahn zu seiner Verteidigung anführte, nicht er, sondern der verstorbene Friesen sei der eigentliche Anführer des Bundes gewesen, ist nicht nur verständlich, sondern Jahns chaotischen Denkens wegen auch glaubhaft, und die Behauptung der Anklage, der Bund habe eine deutsche Republik errichten wollen, wurde von Jahn, der in seinen Schriften von einer Herrschaft der preußischen Monarchie in einem geeinten Deutschland schwärmte, ebenso glaubhaft widerlegt. Inwieweit Friesen und andere Mitglieder des Bundes Jahns nebelhafte Vorstellungen von einem geeinten Deutschland ohne Standesprivilegien teilten, lässt sich nicht mit Bestimmtheit sagen, man kann nur hoffen, dass Jahns krasser Nationalismus, der von Vorurteilen strotzte, doch bei vielen auf Widerstand stieß. Seine deutschtümelnden Ansichten, die Immermann später das *»Ideal eichelfressender Germanen, versetzt mit etwas starrem Protestantismus«* und einer *»Theorie des Drauf- und Dreinhauens«* nannte, hatte teilweise närrische Züge, die E. T. A. Hoffmann auch nutzte, um Jahn als nicht ganz zurechnungsfähig von der Anklage freisprechen zu können. Friesen, der den Hochverratsprozess nicht mehr erleben konnte, war zu vernünftig, um die kruden Übertreibungen, die Jahn in seinem *»Deutschen Volkstum«* von 1810 verkündet hatte, teilen zu können. Hoffmann, der sicher auch von Friesens persönlicher Beziehung zu Fichte, Fouqué und Chamisso wusste, führt im Prozessprotokoll nur positive Beurteilungen Friesens an. Heißt es einmal, er sei *»ein heller, verständiger, ganz vorzüglich Geistesbegabter«* gewesen, so wird er an anderer Stelle, ein *»ausgezeichneter Jüngling unseres Vaterlandes«* genannt.

Friedrich Ludwig Jahn um 1816.
Künstler unbekannt.

Nach Immermanns Darstellung in den »Epigonen« verabschiedeten sich Friesen und Elise zu Beginn des Krieges, ohne sich danach wieder zu be-
gegnen, in Wahrheit aber waren ihnen, wie auch
Briefe bezeugen, noch mehrere Begegnungen vergönnt. Denn Elisa war zwar zu Beginn des Krieges,
als die Einheiten des Korps in Sachsen operierten, in
Breslau zurückgeblieben, um die noch eintreffenden
Freiwilligen zu registrieren und weiterzuschicken,
reiste aber während des Waffenstillstands im Juni
dem Korps hinterher.

Sie blieb dann immer in Lützows Nähe, und da
Friesen zu den von diesem geführten Reitern gehörte, war ihm Elisa oft nah.

Zu Beginn des Krieges waren die Fußtruppen des

Freikorps und die von Lützow geführten Reiter getrennt vorgegangen, doch hatten weder die einen
noch die anderen größere militärische Erfolge erzielt.
Die Infanteristen, Joseph von Eichendorff unter ihnen, waren im Spreewald umhergeirrt, ohne einen
Feind anzutreffen, während die Kavalleristen, die die
Aufgabe hatten, im Rücken des Feindes dessen Nachschub zu stören, über Dresden und Leipzig bis nach
Plauen gelangten, wo sie vom Waffenstillstand überrascht wurden, der für den 9. Juni vereinbart war. Bei
dem Versuch, die als Grenze zwischen den feindlichen Mächten festgelegte Elbe unbemerkt zu erreichen, wurden sie bei Kitzen, in der Nähe von Leipzig,
trotz des Waffenstillstands von württembergischen
Truppen überfallen. Viele wurden getötet, andere gefangen genommen, Lützow aber konnte entfliehen.
Während Theodor Körner, den man verwundet zurückgelassen hatte, mit Hilfe mitleidiger Bauern nach
Leipzig und über Karlsbad auch wieder zu seiner
Truppe gelangte, konnte Lützow mit den Resten seiner Brigade über die Elbe fliehen. Bei Nauen im Havelland traf er dann wieder mit den Fußtruppen des
Freikorps zusammen, konnte den Leutnant Friesen
wieder begrüßen, der anderer Aufträge wegen den
sächsischen Feldzug nicht mitgemacht hatte, und
fand auch Elisa wieder, die nun monatelang bei ihm
blieb.

Hoch geehrt von Soldaten und Offizieren, kümmerte sie sich um Verpflegung und Uniformen, tröstete Verzagte, schlichtete Streitereien, pflegte Ver wundete und war, wie ihre erste Biographin meinte, die gute Seele der Truppe, deren Einfluss auf die Tapferkeit und Sittsamkeit der Männer *»ein ungeheurer«* war. *»Dürfen wir Lützow ... das kräftige Schwert der Schar nennen, ... so war Elisa dagegen der Geist, der sie beherrschte und über sich* selbst *hinaus hob.«* Zu den wenigen Frauen, die in den Befreiungskriegen mit dem Eisernen Kreuz ausgezeichnet wurden, gehörte auch sie.

Nach Ablauf des Waffenstillstands am 16. August 1813 war es mit der vielbesungenen »wilden Jagd« der Lützower schon vorbei. Ihr Sonderstatus als Freikorps, das selbständig agieren durfte, wurde aufgehoben. Als reguläre Einheit gliederte man sie in die Nordarmee ein. Die sich daraus ergebenden Probleme benennt eine wahrscheinlich von Friesen verfasste Denkschrift an die Armeeführung, die unter dem umständlichen Titel »Ursachen des seit längerer Zeit so häufig gewordenen Zurücktretens vom Lützow'schen Freikorps« die Verringerung der Mannschaftsstärke des nun nicht mehr selbständigen Freikorps zu erklären versucht. Aus dieser Schrift wird deutlich, dass die vielberedeten Freiwilligen, die sich selbst hatten einkleiden und ausrüsten können, nur die dünne Oberschicht bildeten, die Masse des Korps aber aus sogenannten Angeworbenen bestand. Diese waren zum Teil Überläufer aus den Armeen jener deutschen Staaten, die im Solde Napoleons kämpften, zum Teil aber auch Vagabunden und Kriminelle, die gehofft hatten, bei der partisanenartigen Kampfesweise des Freikorps reiche Beute machen zu können, und die nun enttäuscht desertierten oder ihr Heil in anderen Freiwilligenverbänden suchten, wie der besser ausgerüsteten und besser besoldeten Englisch-Deutschen Legion.

Da diese Angeworbenen, die teilweise des Lesens und Schreibens nicht kundig waren, zum Nachruhm des Korps wenig beitragen konnten, kommen sie in der Erinnerungsliteratur kaum vor. Eines der wenigen Bücher, die auch über die unrühmlichen Aspekte des Freikorps berichten, ist das des aus Mähren stammenden Arztes Wenzel Krimer, das um 1830 geschrieben wurde, aber erst 1913 unter dem Titel »Erinnerungen eines alten Lützower Jägers« in zwei Bänden erschienen ist. Es bietet eine unterhaltsame Lektüre, hinterlässt aber den Eindruck, dass sich hier Selbsterlebtes mit einer phantastischen Ausschmückung zwecks eigner Aufwertung ständig mischt. Auch die spannend oder auch witzig geschriebenen Kapitel, die von den Lützowern handeln, sind sicher nicht frei erfunden, aber von Aufschneidereien, Unwahrscheinlichkeiten und Unrichtigkeiten nicht frei. Immer erweist sich der Ich-Erzähler als der Tapferste, Geschickteste und Wortgewandteste, der sich auch in wörtlich zitierten Dialogen mit dem Großfürsten von Russland und selbst dem Zaren als der Überlegene erweist. Glaubwürdig weiß Krimer zwar über das malerische Lagerleben seiner Truppe zu berichten, doch wenn er den Tod Theodor Körners an zwei Stellen zu verschiedenen Zeiten in allen Einzelheiten berichtet, wird das Misstrauen bestätigt, das jeden auf Wahrheit erpichten Leser bei dieser abenteuerlichen Lektüre befällt. Man darf also daran zweifeln, es aber auch für wahr halten, dass viele Lützower nur auf Beute aus waren und bei anderen die Erschießung von Gefangenen üblich war. *»Kaum wird man es für möglich halten«*, schreibt der Verfasser weiter, *»dass es im 19. Jahrhundert unter zivilisierten Völkern möglich gewesen, dass dreißig gefangene Feinde [von den Lützowern] auf das grässlichste verstümmelt und zu jedem Dienste unbrauchbar gemacht, wieder fortgejagt wurden; dass der Feind zur Widervergeltung aber 22 seiner Gegner, die er eingefangen, lebendig, gebunden, mit den Füßen an Bäume aufknüpfen, unter ihren Köpfen Feuer anmachen und sie so langsam braten ließ. Und doch sind beide Tatsachen buchstäblich wahr, wie ich dies als Augenzeuge bestätigen kann.«* Dass die durch jeden Krieg geförderte Verrohung auch humanistisch Gebildete befallen konnte, veranschaulicht auch Theodor Körners »Lied von der Rache«, das sein Vater in der Herausgabe der berühmten Sammlung »Leier und Schwert« wohlweislich nicht veröffentlicht hat. Da werden die Lützower aufgefordert, das Völkerrecht nicht zu achten, sich satt an Blut zu saufen und ohne Mitleid mit dem Feind zu sein. *»Ha, welche Lust«*, heißt es dann weiter, *»wenn an dem Lanzenknopfe / Ein Schurkenherz zerbebt / Und das Gehirn aus dem gespaltenen Kopfe / Am blut'gen Schwerte klebt.«* Nach dem Verlust ihrer Selbständigkeit hatten die

Wenzel Krimer.
Selbstporträt im 25. Lebensjahre.

also durch viele Abgänge geschwächten Lützower vor allem Vorpostendienste zu leisten, waren deshalb an keiner der berühmten Schlachten wie Großbeeren oder Leipzig beteiligt, wurden aber an der Niederelbe in verlustreiche Gefechte verwickelt, in denen Theodor Körner bei Gadebusch getötet wurde und Lützow am 16. September bei Göhrden einen Schuss in den Oberschenkel erhielt. Friesen, der nach Körners Tod die Stelle des Adjutanten bei Lützow eingenommen hatte, sorgte für ärztliche Hilfe und ließ den Verwundeten in das früher den Quitzows gehörende Schloss Eldenburg bei Lenzen bringen, das damals das Domänenamt beherbergte und von dem heute nur noch der quadratische Burgturm erhalten ist. Von dort schrieb Friesen am 20. September 1813 einen Brief an Elisa, die für einige Tage nach Berlin gereist war. Darin beruhigte er sie über den Zustand ihres Mannes, dessen Verwundung zwar schwer, aber nicht lebensgefährlich war. Mit keinem Wort ist diesem sachlich gehaltenen Schreiben mehr als eine freundschaftliche Vertrautheit zwischen den beiden zu entnehmen; und auch in drei weiteren Briefen Friesens klingen zartere Töne nur verhalten an.

Während Elise am Krankenlager ihres Mannes wochenlang ausharrte, hatte sich Friesen Urlaub genommen, um nach Berlin zu reiten, wo seine Mutter, an der er immer sehr gehangen hatte, im Sterben lag. Sein kurzer Brief vom 30. Oktober macht durch die Verwendung eines Goethe-Zitats (aus der »Natürlichen Tochter«, 4. Aufzug, 2. Auftritt) die Geistesverwandtschaft zwischen ihm und ihr deutlich, und die Anspielung auf eine Begegnung der beiden, von der wir nichts wissen, lässt ahnen, dass es in ihrem Verhältnis zueinander Unausgesprochenes gab.

»Das inliegende Blatt sagt Ihnen, teure Frau, mein Unglück. Ich versuche vergeblich, mich frei zu halten. Sie verstehen meine Scheinruhe, weil Sie männlichen Gleichmut besitzen und feinfühlend sich in das Wesen anderer versetzen.

Wenn Fremde sich in unsere Lage fühlen,
Sind sie wohl näher als die Nächsten uns verwandt.

Mich freut und stärkt Ihre Teilnahme, der ich gewiss bin. – Ich verliere eine wackere Mutter, der ich unendlich viel verdanke. – Sie haben mich schreibend gefun-

den. Erhalten Sie mir Ihre Güte und lassen Sie dieses Blatt und mein offenes Geständnis, dessen ich mich gegen Sie nicht schäme, ein harmloses Geheimnis sein. – Ich bin nicht gewöhnt, mit meiner Lage, mit meinen Wünschen und mit meinem Unglück zu stören, aber von Ihnen erwarte ich weder Vorwurf, noch von mir Reue – die bei Fehlgriffen schmerzlich kränkt.

Friesen«

Der nächste uns bekannte Brief Friesens an Elise vom 6. November setzt schon ihr Wissen um den Tod seiner Mutter voraus. *»Meine Freunde suchen meinen Schmerz durch ihre wahrhafte Teilnahme zu mindern. Ich erkenne das mit Dank, Ihnen aber, teuere Frau, fühle ich mich besonders verpflichtet für Ihren Zuspruch und Trost. – Unglückliche sind misstrauisch, gegen Sie bin ich es nicht. Tiefes Gefühl, eigner Verlust und die unverkennbare Wahrheit Ihres Wesens verbürgt mir Ihre Mitempfindung und Ihnen die Gewissheit meiner Anerkennung. – Wie geht es Ihrem Gemahl? – Ich bitte Sie recht dringend, versuchen Sie alles, ihn seinen Freunden in wahrer Gesundheit zu erhalten, wenn noch eine Prüfung von Mut und Ausdauer beschlossen sein sollte. Ich weiß, was ich von Ihnen fordere und was Sie der Zeit opfern, aber ich kenne Sie, um gewiss zu sein über vieles, was Sie mit Selbstverleugnung und edlem Stolz gegen das Schicksal über sich vermögen. In der jetzigen Zeit wird der Begriff wahrer Weiblichkeit dem ungetrübten Blick erst klar und verständlich. Ich denke an Sie mit unbedingtem Vertrau-*

en. – Ich versuche, mich aufzurichten und freien Blickes in die Zukunft zu sehen und des eignen Unglücks zu vergessen oder es doch mit ruhiger Besonnenheit zu tragen. – Mir ist nicht wohl. – Denken Sie meiner. Ich verehre in Ihnen das erfreuliche Bild einer Frau, die nicht in der Zeitbildung befangen, ein schönes Leben in ruhiger Würde lebt.

Friesen«

Als Lützow am 25. November seine Truppe wieder erreichte, konnte er sich zwar zu Fuß nur mit Hilfe von Krücken fortbewegen, aber zu Pferde war er bald wieder einsatzbereit. Statt gegen die Franzosen zu fechten, wofür die Freiwilligen doch angetreten waren, mussten sie nun in Holstein die Dänen bekriegen, bis diese das Bündnis mit Napoleon lösten und im Januar 1814 in Kiel Frieden schlossen, was Elisa erleichtert haben wird. Während die Lützower nun als reguläre Feldregimenter an den Niederrhein verlegt wurden, machte sich Elise zum Besuch ihres Vaters nach Langeland auf. Vorher erreichte sie aber wohl noch die letzte Nachricht von Friesen, der seiner Einheit vorausgeschickt worden war. Der lange Brief wurde am 7. Januar 1814 in Düsseldorf geschrieben, erzählt sachlich über die Schicksale von Kameraden und gibt nur an zwei Stellen zu erkennen, dass der Schreiber in einem besonderen Verhältnis zur Briefempfängerin steht. So heißt es an einer Stelle, dass ihn ein Brief von ihr durch *»zarte Güte gerührt und erhoben«* habe, wodurch er nun wieder *»frischen Mutes«* sei. *»Ich danke Ihnen nicht, teure Freundin, aber* *ich lebe in froher Beschauung, wenn ich mir Ihr Bild, Ihr Wesen und Sinn zurückrufe. Erhalten Sie mir die Gesinnung, die mich hoch beglückt.«* Und er schließt dann so: *»Soll ich mich entschuldigen, dass ich so viel schreibe? Und doch treibt es mich, auf diesem Blatt zu weilen. – Beglücken Sie mich bald einmal wieder durch einige Zeilen. – So oft ich Ihre Handschrift sehe, erscheint mir Ihr Bild, und es ist mir, als müsste ich das bunte Zimmer, die freundliche Aussicht der alten Marschallsburg Lenzen hinzudenken, wo ich Sie schreibend sah und die Freundinnen beneidete, an die Sie dachten. – Es rücken Truppen ein, wir erwarten eine Unternehmung. O wäre doch Ihr Gemahl erst hier und alle meine Freunde erlöst. Dann will ich freudigen Mutes leben oder sterben. Leben Sie heiter. Mit ganzer Seele und innigem Vertrauen Ihr Fr.«*

Zu leben vergönnt war dem Dreißigjährigen nicht mehr lange. Nachdem seine Einheit in den Ardennen zerschlagen worden war und er allein im Walde umherirrte, vertraute er sich Bauern an, die ihn zum Dorf La Lobbe bei Rethel führten, wo er dann aber partisanenähnlichen Hilfstruppen in die Hände fiel. Diese erschossen den Wehrlosen, raubten ihn aus und ließen den Leichnam nackt liegen, bis der Bürgermeister ihn auf dem Dorffriedhof bestatten ließ. Da er auch ein Protokoll darüber aufsetzte, konnte August Freiherr von Vietinghoff, einer von Friesens engsten Freunden, die Grabstätte nach dem Kriege finden, und da er dem Freund beim Einmarsch in Frankreich versprochen hatte, im Falle seines Todes für die Bestattung in heimatlicher Erde zu sorgen, war er 1817 auch um die Überführung der Gebeine bemüht.

Nach Jahns Wünschen sollte Friesen seine endgültige Grabstätte in der Berliner Hasenheide in der Nähe des Turnplatzes finden, aber 1817, als Turner und Lützower des versuchten Umsturzes verdächtigt wurden, war es unmöglich, eine solche Begräbnisfeier würdig stattfinden zu lassen, und da Jahn 1819 verhaftet und die Turnbewegung verboten wurde, blieb Vietinghoff im Besitz der Gebeine, die er nun bei allen Ortswechseln, denen er als Offizier ausgesetzt war, mit sich führte, bis er 1842 als Oberstleutnant seinen Abschied nahm. Er wohnte dann in Berlin, wo er auch Elisa wieder begegnete, und da die innere Lage sich nach der Thronbesteigung Friedrich Wilhelms IV. etwas liberalisiert hatte, richtete er an den König die Bitte, *»Allergnädigst zu befehlen, dass die irdischen Reste Friesens hier in vaterländischer Erde kostenfrei bestattet würden«*, und der König war damit einverstanden, bestimmte eine Grabstelle auf dem Invalidenfriedhof in der Nähe des Scharnhorst-Grabes und wies das Kriegsministerium zur Errichtung eines Grabkreuzes an.

Am 15. März 1843, genau 29 Jahre nach dem Tod Friesens also, wurden seine kunstvoll zu einem Skelett zusammengesetzten Gebeine im offenen Sarg in der Halle des Invalidenfriedhofs aufgestellt. Für die Blumen, die die Knochen schmückten, und den Lorbeerkranz auf dem Totenschädel hatten Frau von Vietinghoff und die Gräfin Elisa gesorgt. Unter den etwa

40 Trauergästen, die das stille Begräbnis begleiteten, waren sie und eine Generalstochter die einzigen Frauen. Das gusseiserne Kreuz mit ausführlicher Inschrift schmückt nach seiner Restaurierung im Jahre 1991 noch heute das schlichte Grab.

Noch während der vielen Jahre, in denen Friesens sterbliche Überreste im Gepäck eines preußischen Offiziers von Standort zu Standort reisten, wurde ihnen in Immermanns 1836 erschienenem Zeitroman »Die Epigonen« ein Weiterleben in der Literatur zuteil. In der oben erwähnten Episode, in der sich Johanna an ihre große, aber unerfüllte Liebe zu einem

Grabkreuz Friesens auf dem Invalidenfriedhof in Berlin, heute.

Befreiungskriegshelden erinnert, bilden die unbestatteten Gebeine nämlich eine Pointe, die etwas makaber geraten ist.

Nachdem es geheißen hatte: *»Er zog dahin, und ich sah ihn nie wieder«*, fährt der Roman mit der Erzählung Johannas so fort: *»Er trug wie alle jugendlichen Frühlingsherzen die Todesahnung im Busen. Sein einziger Wunsch war, in deutscher Erde zu ruhen, er schauderte vor dem Gedanken, fern unter den Fußtritten des feindlichen Volkes vermodern zu müssen. Das Schicksal ist oft grausam, es kann uns nicht allein das Leben, wie wir es wünschen, sondern auch den Tod, wie wir ihn zu sterben würdig gewesen wären, versagen. Nicht in einer der großen herrlichen Befreiungsschlachten fiel mein Freund, nein, vereinzelt, seiner Schar nachgeblieben, wurde er von umherstreifendem Gesindel auf dem fremden Boden erschlagen. Ich erfuhr seinen Tod noch ehe die Nachricht davon zu mir gelangte. In der Nacht aus tiefem Schlummer ohne vorhergegangenen Traum emporschreckend, sah ich das blutige Haupt des Ermordeten am Fuße meines Lagers aufsteigen und alsbald auch wieder verschwinden. Augenblicklich wusste ich um meinen ungeheueren Verlust, aber zugleich durchdrang mein Herz ein unvergänglicher Trost, der es so ganz erfüllte, dass ich mich kaum erinnere, damals geweint oder sonst getrauert zu haben. Nur jetzt, nach manchen Jahren fließen meine Tränen zuweilen. Als die Ruhe hergestellt war, beschäftigte uns alle, die wir ihn geliebt hatten, sein Wunsch. Ein treuer Gefährte seiner Tage machte sich endlich in der Stille* *auf, scheute nicht Mühe noch Gefahr unter dem noch immer schmerzlich empörten Volke, fand die Grube, in welcher man den Körper verscharrt hatte, kaufte die teuren Reste los und brachte sie in die Heimat.*

Sie näherte sich einer schmalen, länglichen Kiste, welche in der Ecke des Gemachs stand, öffnete sie und warf sich mit Lauten tiefsten Schmerzes über sie. Hermann trat hinzu und fuhr zurück; ein menschliches Gerippe starrte ihm aus der Kiste entgegen. Warum erschrickst du? Was macht dich fürchten? rief sie. Dies ist mein lieber, mein einziger Freund, den ich nun wieder habe und nicht von mir lasse. Betrachte den holdseligen Mund, die guten, schönen Augen, die denkende Stirne! Nun ruht er umweht vom Hauche der Liebe, nun ist ihm wohl!

Teure, warum geben Sie der Erde nicht wieder, was der Erde gehört? fragte Hermann, als er sich einigermaßen von seinem Erstaunen erholt hatte. – Sie versetzte nichts. Mit den zärtlichsten Namen rief sie den geschiedenen Freund, schmeichelnd strich sie über den kahlen Schädel, ihre Lippen küssten die leeren Augenhöhlen. Dazwischen führte sie Reden, deren Sinn und Bedeutung Hermann nicht verstand. Sie sprach von dem Vampir, der, auferstandene Leiche, umher gehe und den Lebenden das Blut aussauge, und beschwor die Gebeine des Toten, sie wie bisher, so auch ferner vor dem Schrecknis zu schützen.«

Prosa der Ehe

Als nach der siegreichen Beendigung der Befreiungskriege die auf Wiederherstellung der alten
Verhältnisse zielenden Beschlüsse des Wiener Kongresses umgesetzt werden sollten, wurden jene ver-
dienstvollen Offiziere, die sich vom Sieg auch freiheit-
lichere Verhältnisse im Innern versprochen hatten,
zwar mit Orden behängt und befördert, dann aber
auf einflusslose Posten gesetzt. Auch der schon 1807
mit dem Pour le mérite ausgezeichnete Lützow, dessen militärische Fähigkeiten sich in den Kämpfen
der Jahre 1814 und 1815 noch einmal bewährt hatten,
war zum Oberst und später zum Generaloberst befördert worden, und man hatte ihn mit dem Eichenlaub
zum Pour le mérite geehrt. Elisa hatte für ihren Einsatz im Kriege das Eiserne Kreuz erhalten, und sie
hatte sich in den ersten zwei Friedensjahren, in denen Lützow in den preußischen Zentren Königsberg
und Berlin hatte Dienst tun dürfen, dort wohl gefühlt. Dann aber war er als Kommandeur einer Ka-
valleriebrigade ins ferne Münster versetzt worden,
wo er die Nähe seiner alten Kameraden vermisste

Generalmajor Adolph von Lützow.
Künstler unbekannt.

und Elisa unter der Provinzialität der kulturellen Angebote litt.

Die Ehe der beiden, die sich im permanenten Ausnahmezustand des Krieges glänzend bewährt hatte, wurde in der geregelten Häuslichkeit des Garnisonsstädtchens auf eine harte Probe gestellt. Mit dem Wechsel von den immer nur kurzfristigen Kriegsquartieren zur eignen Wohnung hatte sich auch das Verhältnis der Ehegatten zueinander verändert. Lützow, der Kriegsgewohnte, den das Gleichmaß des Garnisonslebens langweilte, hatte in Elisas Augen die Aura des Kriegshelden allmählich verloren, während er hatte bemerken müssen, dass aus der treuen Gefährtin in allen Gefahren wieder die Gräfin mit ihren Ansprüchen an Geist, Luxus, Anstand und Schönheit geworden war. Die ihnen gemeinsamen Ideale, in denen sich die Befreiung des Vaterlandes mit vagen Vorstellungen von einem besseren Deutschland verbunden hatten, waren nach dem Wiener Kongress der Ernüchterung gewichen, und den Eheleuten war dadurch zunehmend deutlich geworden, dass sie darüber hinaus nur wenig verband. Ihre Charaktere waren so unterschiedlich wie ihre Interessen, die gegenseitige Bewunderung war der Erkenntnis des wahren Wesens des anderen gewichen, und die Vertrautheit, die einst im Breslauer Werbebüro und in den Feldlagern an Havel und Elbe bestanden hatte, verschwand mehr und mehr.

Geblieben aber war eine gegenseitige Hochschätzung, die ihnen ein harmonisches Miteinander ermöglichte, bis 1821 in den kleinen Kreis von Freunden, der sich um den berühmten Kriegsmann und seine schöne Gattin gebildet hatte, der junge Jurist und Literat Karl Immermann aufgenommen wurde, der bald die besondere Fürsorge der Hausherrin genoss. Bei Streitereien mit ihrem hochverschuldeten Vater, der ihr die aus dem Familienbesitz zustehenden Gelder nicht zahlen konnte, war Immermann ihr zwar auch als juristischer Berater wichtig, doch schätzte sie in ihm vor allem den Autor, der, wie einst Friesen, die Liebe zur Literatur mit ihr teilte, viel über die zeitgenössische Dichtung wusste und ihr, der acht Jahre Älteren, die Aufgabe zuwies, ihm durch Bewunderung und Kritik sein Talent zu bestätigen, dessen er sich noch nicht sicher war. Sie gab ihm Gelegenheit, in ihrem Hause als Vorleser eigner und anderer Dichtungen aufzutreten, und sie machte dem Anfänger, der in der Öffentlichkeit als Autor noch nicht viel Anerkennung gefunden hatte, mit ihren treffenden Urteilen Mut.

Immermann war wie Friesen gebürtiger Magdeburger und auch wie dieser Beamtensohn. In der altstädtischen Klosterstraße war er 1796 zur Welt gekommen, war im Dom, wo Kaiser Otto I. und seine englische Gemahlin Editha begraben liegen, getauft worden und hatte in dem seinem Elternhaus nahe gelegenen Kloster Unserer Lieben Frauen das Gymnasium besucht. Der Neunjährige, den der Vater zur Anhänglichkeit an das preußische Königshaus erzogen hatte, war dabei gewesen, als die Königin Luise 1805 in seiner Vaterstadt von einer begeisterten Menge empfangen wurde, und er war ein Jahr später Zeuge gewesen, als die Festung Magdeburg kampflos an Napoleons Truppen gefallen war. 1813 hatte er sich wie viele seiner Altersgefährten als Freiwilliger gemeldet, war aber krankheitshalber für ein Jahr zurückgestellt worden, hatte dann aber doch noch Soldat werden können und die Schlachten bei Ligny und Waterloo mitgemacht. Lützower aber war er nicht gewesen. Sein immer wieder zitierter Ausspruch über diese, sie seien die Poesie des Heeres gewesen, beruhte also nicht auf eignem Erleben, sondern auf Elisas vergoldeter Erinnerung.

Seine juristischen Kenntnisse hatte er auf der Universität in Halle erworben, die 1815 wieder preußisch

Karl Immermann, Jugendbildnis.
Künstler unbekannt.

geworden war. Hier hatte sich, den Anregungen Jahns folgend, schon 1814 anstelle der alten studentischen Landsmannschaften die allgemeine Burschenschaft Teutonia gegründet, die die Einheit Deutschlands erstrebte und deshalb in Opposition zu den Beschlüssen des Wiener Kongresses stand. Das Rebellische, das sie hatten, behagte dem fleißigen Studenten und königstreuen Preußen genauso wenig wie die Deutschtümelei der Teutonen, die dem Turnvater Jahn abgeschaut war. Da sie nach dessen Methode auch dazu neigten, eigne Ansichten durch Schikanen und Prügeleien durchzusetzen, wurde Immermanns Gesetzestreue in einem besonders brutalen Fall dieser Art so sehr beleidigt, dass er eine öffentliche Erklärung dagegen verfasste, die von vielen Studenten unterschrieben wurde, aber ohne Wirkung blieb. Als dann auch auf seine Anzeige beim zuständigen Ministerium nichts erfolgte, wandte er sich direkt an den König, der ihn dafür ausdrücklich lobte und die Teutonia in Halle verbot. Da damit die später sogenannte Demagogenverfolgung ihren Anfang genommen hatte, war Immermann nun in burschenschaftlichen Kreisen als Verräter verschrien. Mit zwei Druckschriften, in denen er sich gegen die Angriffe wehrte, begann er seine Laufbahn als Schriftsteller, und da diese Broschüren 1817 auf dem Wartburgfest der Burschenschaften zusammen mit anderen ihnen nicht genehmen Büchern öffentlich verbrannt wurden, machte er sich auch gleich einen Namen damit.

Im gleichen Jahr 1817 konnte Immermann sein Studium erfolgreich beenden und nach einer Tätigkeit in Oschersleben im November 1819 in der westfälischen Provinzialhauptstadt Münster seine juristische Laufbahn beginnen, und zwar bei der Militärjustiz. Nach einer schwierigen Anfangsphase, in der er sich unter den vorwiegend katholischen und antipreußisch gesinnten Einwohnern fremd fühlte und ihn die mangelnde Bildung der *»gewöhnlichen Offiziere«*, mit denen er umgehen musste, entsetzte, konnte er Kontakte zu bestehenden kleinen Lesezirkeln knüpfen, in denen er sich bald beliebt machte, da er ausgezeichnet vorzulesen verstand. Da er in seiner militärischen Dienststelle *»2 Vormittage und 4 Nachmittage wöchentlich«* frei hatte, entstanden in Münster auch seine ersten literarischen Werke, de-

ren Erfolg allerdings mäßig war. Manches davon
konnte er in Zeitschriften und Almanachen unter-
bringen, und da er brieflich mit Goethe und Tieck,
mit Fouqué und Heine Kontakt suchte, wurde er in
literarischen Kreisen schon ein wenig bekannt. Er
schrieb vorwiegend Theaterstücke, die auch später
nur selten aufgeführt wurden. Dass sein Talent sich
in der Prosa viel besser beweisen konnte, erkannte
er erst spät.

Als er mit der dreiunddreißigjährigen Frau von
Lützow bekannt wurde, war er ein fünfundzwanzig-
jähriger Junggeselle, der eine bittere Enttäuschung
mit einer Jugendliebe erlebt hatte, sonst aber noch
ohne Erfahrung mit Frauen war. Innig hing er an
seiner Familie, für die er sich nach dem frühen Tode
des Vaters verantwortlich fühlte und an die auch die
Mehrzahl seiner oft ausführlichen Briefe gerichtet
war. Mit seiner Mutter, die er, sooft er konnte, besuchte, teilte er die Sorgen um seine jüngeren Geschwister, und er ließ sie auch an seinem Seelenschmerz
teilnehmen, als er sich in Münster in eine Friederike
verliebte, die aber einen anderen nahm. Sein Bruder
Ferdinand war lebenslang sein Vertrauter, dem er
seine Gefühle offenbarte, seine Reiseerlebnisse schilderte oder auch mit ihm über sein Gottesbild stritt.
Ihn ließ er auch an der Entstehung seiner Werke
teilnehmen, und als er ihn für einige Ferienwochen
in Münster beherbergte, nahm er ihn auch zu seinen
gesellschaftlichen Verpflichtungen mit.

Sein Bruder Ferdinand war auch dabei, als er erstmalig den Lesezirkel bei den Lützows besuchte und ihn »*ziemlich ledern*« fand. Ihm war, wie er wenig später der Schwester Charlotte berichtete, in dem adligen Hause nicht wohl zumute. »*Du wirst wohl schon von Ferdinand von meinen abermaligen Progressen in der feinen Gesellschaft gehört haben, ich meine den Thee bei Frau von Lützow? Du solltest Deinen Bruder dort mit gesittiger Würde reden hören, Du würdest voller Erstaunen rufen: Ist selbiger der alte Stockfisch Karl? Das Ganze ist unendlich fein, gebildet ppp, nur wie die jetzige Feinheit überhaupt ohne begeisternden, erwärmenden, erregenden Inhalt, und eisige Schauer wehen mir oft wie von Gletschern an die rauhe Brust. − Man macht so alle Schnurrpfeifereien mit durch und übt sich in der Resignation.*«

Auch der nächste Besuch bei den feinen Leuten, der der Familie berichtet wurde, zeigte noch seine Vorurteile. Da wurde »*Romeo und Julia zusammen gelesen. Es erregte allgemeine Bewunderung, dennoch wurde aber nach dem 3. Acte abgebrochen. So kalt bleiben die Menschen bei einem entzückenden Dichterwerke.*«

Von Kälte im Hause des Generals war bald danach aber nicht mehr die Rede, vielmehr wurde nun Frau von Lützow nur noch lobend erwähnt. 1822 waren in einem kleinen Verlag in Hamm endlich seine Theaterstücke gedruckt worden, und als das »*gebildete Krähwinkel*«, gemeint war Münster, viel an ihnen auszusetzen hatte, gab es auch Leute, die sie lobten, »*an ihrer Spitze die Frau von Lützow, die meine Sache* mit ungemeinem Eifer überall verficht«. Sie könne ihm, schreibt er an den Bruder, »*leicht zur Circe werden. Sie nahm sich des Stücks in hohen und höchsten Zirkeln lebhaft an und schlug die Gegner mit den ihr zu Gebote stehenden Waffen des feinsten Spottes.*« Nun werde er oft zu ihr, so heißt es weiter, »*dringend zu vertraulichen Besuchen geladen*«, und das schmeichle natürlich seiner Eitelkeit. »*Ich war drauf und dran, den dümmsten Streich meines Lebens zu machen, nämlich mich in eine Frau zu vergaffen und so muthwillig das schöne, geistige Verhältnis zu zerstören, welches ein ausgezeichnetes Weib mit Vertrauen zu bilden im Sinn hat. – Ach Bruder, es sind viele Schlingen in der Welt ausgebreitet, mit den Jahren werden sie immer künstlicher und feiner, je tiefer Du ins Leben eingreifst, desto mehr umspinnen Dich auch wunderbare, kaum zu bemerkende Fäden.*« Seiner Mutter aber schilderte der Bürger, den es in Adelskreise verschlagen hat, seine veränderte Lage so. »*Ich habe eine gesellschaftliche Verbindung angeknüpft, die mich angenehm beschäftigt. Ich bin nämlich im Lützowschen Hause jetzt so eingeführt, dass ich wöchentlich in der Regel 2 Abende dort zubringe. Am liebsten ist es mir, dass ich immer ganz allein mit ihnen bin, denn unter 4 Augen spricht sich's am besten. S i e ist wirklich höchst anziehend und kann sehr liebenswürdig seyn. Eine Zugabe ist freilich der Herr Gemahl, die so mit verdaut werden muss. Soll mich nur wundern, ob die Leute, wenn sie mir das geistreiche Fett abgeschöpft haben, mich wieder links liegen lassen, oder ob sie ein wahrhaftes Interesse an mir finden. Ich lasse mich so leicht durch glatte Worte nicht mehr bestechen, und da ich nirgends Ansprüche mache und mich nie aufdränge, so haben die, welche sich von mir zurückziehn, nachdem sie mich vorher angezogen, endlich doch das Erröthen.«*

So überlegen und Abstand wahrend konnte er noch im Februar schreiben, in einem Brief von Ende März an die Schwester aber hatte die Freude darüber, in diesem vornehmen Kreise als Dichter geehrt zu werden, schon über seine bürgerliche Vorsicht gesiegt. *»Vorigen Donnerstag hatten wir einen schönen Abend bei Lützows. Wir lasen nach sorgfältiger Vorbereitung den Tasso dramatisch. Ein schön verzierter Tisch, ein silberner Armleuchter in der Mitte, 6 kleinere Leuchter ringsherum, auf zwei silbernen Schalen die beiden Kränze, die Damen in Putz gaben der Sache heitere Feierlichkeit. Nach dem 3. Aufzug wurde Champagner gebracht. Antonio (Lützow) und Alphons (ich) tranken zu rasch drei Gläser hintereinander und gerieten dadurch in einen Zustand, der es ihnen einigermaßen schwierig machte, das Staatsschiff von Ferara im 3. und 4. Act klug zu lenken. Indessen muss es doch noch gegangen seyn, denn ich erhielt zur Belohnung Ariostens vollen bunten Blumenkranz und setzte die um Mitternacht öffnende Hausjungfer in nicht geringes Erstaunen, als ich sehr fröhlich und sehr röthlich im Antlitz, meinen Kranz über den Arm gehängt, heimkehrte. ... Kurz, liebe Schwester, ein Poet ist eine glückliche Kreatur.«* Und wenn er dann wieder einen Monat später dem Bruder erklärte, dass er glücklich

sei, glücklicher, als er auszusprechen vermochte, und
der Mutter vorschwärmte, dass es doch »*so viel Schönes
in der Welt*« gebe und »*wir oft so wunderbar beglückt*«
würden, »*dass uns ordentlich schaudert und wir uns
fragen, ob denn das Herrliche, welches uns unerwartet
aufgeschlossen*« wurde, wirklich mehr sei als nur ein
Traum – so lässt sich daraus doch wohl folgern, dass in
diesen Frühlingstagen, die auch zu gemeinsamen
Ausflügen ins Münsterland genutzt wurden, eine Entscheidung in dieser Liebesgeschichte gefallen war.
Und tatsächlich hat er später, als alles vorbei war, den
Beginn seiner Liebe auf den 10. März 1822 datiert.

Mit dem Glück zugleich aber kamen die Leiden,
die durch die Spannung zwischen seinen beiden »*Lebenskreisen*« verursacht wurden. Denn dass Mutter
und Geschwister der von ihm Erwählten, die nicht
nur verheiratet, sondern auch adlig und älter war, als
»*Feinde*« gegenübertreten würden, war ihm klar. Deshalb konnte er sich bei aller Liebesseligkeit auch
selbst bedauern. »*Ich habe wahrhaft ein recht hartes,
saures Loos. Ich verlange nach nichts, als in einem
herzlichen, friedenvollen Verhältnis selbst Frieden zu
finden, und dieser Wunsch, der mir so bescheiden dünkt,
scheint sich mir zeitlebens nicht erfüllen zu wollen. …
Womit habe ich's verdient, der still und ruhig seinen
Weg ging, wieder in den Kampf gerissen zu werden,
der meinen Tagen kein Glück vergönnen wird? Bin ich
je ein Phantast, ein Abentheurer gewesen? Warum werde ich nun so abentheuerlich vom Verhängnis behan-
delt?*«

Teils seiner Mutter zuliebe, teils von Heimweh getrieben, war Immermann jahrelang um seine Versetzung nach Magdeburg bemüht gewesen, doch als sich ihm im Sommer 1822 diese Möglichkeit tatsächlich eröffnete, musste er sie ausschlagen – Elisas wegen, die er durch sein Weggehen *»in die grässlichste Wüste, ohne eine einzige theilnehmende Seele«* gestoßen hätte. Angeblich (ihre Briefe sind nicht erhalten) habe sie ihm geschrieben: *»Die Trennung von Dir ist der wahre Seelentod«.* Er blieb also in Münster, und als er sich ein Jahr später doch noch von dieser Stadt und seiner Geliebten trennte, um in Magdeburg einen Posten als Kriminalrichter anzunehmen, war das vielleicht eine Flucht vor der Münsteraner Gesellschaft, der die Affäre nicht verborgen geblieben sein konnte, vielleicht aber auch ein Versuch, dem Zwiespalt der Gefühle, die diese Liebe in ihm aufgerissen hatte, zu entgehen. *»Ach, ich bin zerrissen«*, schrieb er dem Bruder, noch nie habe er sich *»so verirrt gefühlt«*. Täglich rufe er *»Gott um Führung und Hilfe an«.*

Der Pädagoge Friedrich Kohlrausch, der in diesen Jahren das westfälische Schulwesen leitete, hat in seinen *»Erinnerungen aus meinem Leben«* einige Seiten auch diesem Skandal gewidmet und sich dabei um Verständnis für beide Seiten bemüht. Der Kriegsheld Lützow, so erzählt er, sei ein offenherziger und ehrlicher Mann gewesen, der aber für den Dienst im Frieden nicht geschaffen gewesen sei. *»Dass zu seiner Unzufriedenheit mit dem ruhigen Leben in Münster auch eine andere geheime Ursache mitgewirkt hat, lei-*

det keinen Zweifel. Das Verhältnis zwischen Immermann und der Frau von Lützow ... entwickelte sich in
den Jahren meines Aufenthaltes in Münster immer entschiedener, und ich mag es nicht unterlassen, da ich in
genauer Verbindung mit allen betheiligten Personen
gestanden habe, einige Andeutungen darüber zu geben,
die vielleicht manches falsche Urteil berichtigen können. – Immermann kam im Jahre 1819 als Auditeur
beim Kriegsgerichte nach Münster und wurde bald im
Lützowschen Hause sowie in dem meinigen bekannt.
Das frische, kräftige und zugleich geistvolle Wesen des
dreiundzwanzigjährigen Mannes, welches sich auch in
seiner äußeren Erscheinung, obgleich dieselbe nicht
eigentlich schön zu nennen war, aussprach, machte ihn
interessant, ja bedeutend, und sein dichterisches Talent,
mit welchem auch die Gabe eines ausdrucksvollen
deklamatorischen Vortrags verbunden war, gab ihm
bald in der Gesellschaft einen ausgezeichneten Platz.
Es bildete sich ein Lesezirkel, welcher abwechselnd im
Lützowschen und unserm Hause zusammenkam und
aus diesen beiden Familien nebst dem Consistorialrath
Möller und seinem Sohne, der Garnisonprediger war,
und Immermann bestand. Mitunter wurden auch einige Freunde dazu eingeladen. Außer einigen dramatischen Vorlesungen mit verteilten Rollen fiel die Aufgabe des Vorlesens fast beständig Immermann zu, und
ich darf versichern, dass wir alle, weder in früherer
noch in späterer Zeit, kaum einen größeren Genuss an
dem lebendigen Vortrage der Dramen der größten
Dichter, namentlich des Shakespeare, gehabt haben, als

*durch Immermann. Auch seine eignen dramatischen
Arbeiten, welche in dieser Zeit entstanden, … trug er
so vortrefflich vor, dass diese Stücke, obwohl sie nicht
auf vollendeten Kunstwerth Anspruch machen konnten,
einen überwältigenden Eindruck machten. Der Vortrag
des Komischen und Charakteristischen war Immermanns Stärke. − Der General Lützow selbst nahm an
diesen Vorlesungen einen mehr passiven Antheil; der
Sinn für Kunst und schöne Literatur war nicht sehr in
ihm entwickelt. Die Generalin dagegen war in hohem
Grade empfänglich dafür, sie lebte in diesen geistigen
Genüssen und konnte sich ihnen ganz hingeben, da sie
keine Kinder und wenig häusliche Geschäfte hatte.
Und wie Frauen dieser Stimmung und Lage sich gern
an Männer anschließen, die ihrer Neigung Nahrung
schaffen können, so war es ganz natürlich, dass der
begabte Immermann mit seinem Talente, seinen literarischen Kenntnissen und seinem Enthusiasmus für alles
Schöne und Große eine besondere Anziehungskraft auf
die Frau von Lützow übte. Ebenso natürlich war es,
dass Immermann, der aus einem beschränkteren Le-
benskreise nach Münster kam, sich auf das Lebhafteste
von einer so zart organisierten, ungewöhnlichen Frau
angezogen fühlte, die mit einem sehr gefälligen Äußern
ein feines ästhetisches Gefühl und eine große Empfänglichkeit verband und mit richtigem Tacte seinen
eignen Productionen eine warme Theilnahme schenkte,
ihn auf manches aufmerksam zu machen, ihn für neue
Schöpfungen zu begeistern verstand. Sie hat einen sehr
belebenden Einfluss auf die Entwicklung seines reichen*

Talentes gehabt, was seine Dichtungen aus der Münsterschen Zeit beweisen. — Die Gräfin von Ahlefeldt hatte den Rittmeister von Lützow im jugendlichen Enthusiasmus für einen patriotisch gesinnten, tapfern Krieger … geheiratet. Sie hatte mit und neben ihm geholfen, die berühmte Lützowsche Freischar zu sammeln und die zuströmenden jungen Männer für die Sache der Freiheit zu begeistern. Sie war dieser Freischar in möglichster Nähe gefolgt und hatte die spannenden Wechsel der großen Begebenheiten theilnehmend mit durchlebt. Darauf war auch für sie der ernüchternde Friedenszustand mit manchen bittern Enttäuschungen gefolgt und hatte dazu beigetragen, ihren lebhaften Geist in die tröstende Beschäftigung mit den Werken der Kunst und schönen Literatur hineinzuziehn. Hätte sie dabei die lebendige Theilnahme und das eingehende Verständnis ihres Mannes zur Seite gehabt, so würden ihre Gemüter sich nicht fremd geworden sein. … Die Beschäftigungen mit Pferden, Soldaten und Manövern, die den Mann zerstreuten, konnte die Frau nicht theilen. Ihren Genuss an der schönen Literatur theilte er wiederum nicht in dem Grade und mit dem geistigen Verständnis, welches ihr in hohem Maße eigen war; daher die wachsende Gleichgültigkeit von beiden Seiten. … Für unsere Augen, die wir in fast ununterbrochenem Umgange mit dem Lützowschen Hause lebten, blieb das Ungenügende der ehelichen Verhältnisse und die Aufmerksamkeit, die Immermann der Frau von Lützow und diese ihm schenkte, nicht verborgen, allein beides hielt sich in solchen Gränzen des Anstandes und der Sitte, dass wir zwar den ganzen Zustand der übrigens so achtenswerthen Menschen bedauerten, allein gar keinen Anlass finden konnten, weder warnend dazwischen zu treten, noch uns aus dem Umgange zurückzuziehn. Lützow behandelte seine Gemahlin mit der größten Achtung, und sie wiederum vergaß nie die Pflichten der Gattin, die sie rücksichtsvoll gegen ihn übte, und ebenso beobachtete Immermann den bescheidensten Anstand in dem geselligen Zusammensein, so dass ein Anstoß in dieser Beziehung niemals eintrat. – ... Die ernste Krise in den Verhältnissen der drei uns befreundeten Personen ging nicht unter unsern Augen vor sich. Immermann wurde schon im Jahre 1824 nach Magdeburg und später nach Düsseldorf versetzt, und die Freundin folgte ihm im darauf folgenden Jahre, um in seiner Nähe zu bleiben. Die wirkliche Scheidung geschah im Jahre 1825.«

Der General

Am 22. April 1825 wurde die Scheidung vollzogen. In einem Protokoll der Vorverhandlung, das am 7. März 1825 in Münster aufgesetzt wurde, heißt es: *»In Sachen des Herrn General-Majors von Lützow wider seine Ehegattin Elisa geborene Gräfin von Ahlefeldt-Laurvig erschienen in dem heute anstehenden Termin der Kläger in Person, für die Verklagtin der Herr Justiz-Commissarius Eisenle, welcher sich durch anliegende Vollmacht legitimierte und sich dahin vernehmen ließ: Seine Mandantin räume die in der Klage angeführten faktischen Umstände sämtlich als richtig ein und sei mit dem Antrage des Klägers, dass die zwischen ihnen bestehende Ehe getrennt werde, völlig einverstanden und trage ihrerseits ebenfalls darauf an, indem auch sie nach reiflicher Prüfung sich davon überzeugt habe, dass sie fernerhin nicht glücklich und zufrieden miteinander würden leben können. Hinsichtlich der Vermögensauseinandersetzung bemerkten sodann beide Theile, dass deshalb folgendes Abkommen zwischen ihnen zustande gekommen sey*

1. Der Herr Kläger zahlt seiner Gattin der Frau

Verklagtin bis dahin, dass sie sich nicht etwa anderweitig vermählen sollte, jährlich 700 rthl. schreibe Siebenhundert Reichsthaler Pr.[eußisch] Cour.[ant] zu ihrem standesgemäßen Unterhalt und zwar in vierteljährlichen Raten praenumerando [im Voraus zu zahlen] an ihren jedesmaligen Aufenthaltsort. Diese Bezahlung nimmt mit dem Tage, an dem das Scheidungs-Erkenntnis vom hiesigen Ober-Landesgericht ausgesprochen ist, ihren Anfang.

2. Im Fall der Herr Kläger pensioniert werden oder derselbe eine bedeutende Verringerung seines Gehalts erleiden mögte, soll diese jährliche Unterhaltssumme so ermäßigt werden, dass sie sich zu der Pension oder dem kleinern Gehalte des Herrn Klägers verhält wie 700 rthl. zu dem jetzigen Gehalte desselben. Da jedoch die Frau Verklagtin bedeutende Forderungen an ihren noch lebenden Vater und an den Lehnsstamm der gräflich Ahlefeldt-Laurvigschen Familie hat, welche, soweit sich diese Ansprüche jetzt schon übersehen lassen, in folgendem bestehen, nemlich:

a, in dem Eingebrachten der verstorbenen Mutter der Frau Verklagtin, welches zwar noch nicht festgestellt ist, aber doch wenigstens zu 5000 rthl. Dänisch Silber angeschlagen werden kann.

b, in einer von ihrem Vater ihr verschriebenen jährlichen Apanage von 2000 rthl. Silber Dänisch.

c, in dem Rückstande dieser Apanage, die jetzt schon 17 000 rthl. beträgt.

d, in einem Kapital von 60 000 rthl. Dänisch, welches ihr aus dem Lehnsstamm ausgezahlt oder verzinset werden muss, sobald der Vater der Verklagtin stirbt, so ist

3. zwischen beiden Theilen verabredet und wird hierdurch festgesetzt, dass alles, was aus diesen vorhin gedachten Geldern eingeht, zinsbar untergebracht und sobald sich auf diese Art ein Kapital gebildet hat, welches jährlich 7000 rthl. Zinsen einbringt, der Kläger von diesem Augenblick an von seiner Verpflichtung wegen des zu zahlenden Jahrgeldes von 700 rthl. frei sein soll, bis dahin aber und dass das solchergestalt anzulegende Kapital diese Höhe nicht erreicht, bleibt es bey der ad 1. festgesetzten jährlich zu zahlenden Summe von 700 rthl. Die Verwaltung und sichere Belegung derjenigen Gelder, welche solchergestalt successive eingehen und erspart werden sollen, um den Herrn Kläger von seiner Verpflichtung wegen des zu zahlenden Jahrgeldes zu befreyen, soll jemandem übertragen werden, der das beiderseitige Vertrauen besitzt und welchen beide Theile gemeinschaftlich ernennen werden.

Zur Verhinderung aller Differenzen wird hierbei bemerkt, dass von diesem zu bildenden Fonds diejenigen 300 rthl., welche der Vetter der Frau Verklagtin der Graf von Ahlefeldt auf Komskool derselben jährlich zahlen muss, ausdrücklich ausgenommen sind und zur freyen Disposition der Frau Verklagtin bleiben, so dass sie außer den 700 rthl. auch noch diese 300 rthl. jährlich zieht.

Ehescheidungsstrafen fallen hiernach selbstredend weg, auch hört die Verbindlichkeit zur Zahlung des Jahrgeldes, wie sich von selbst versteht, auf, wenn Verklagtin stirbt. ...«

Wenn auch alle diese Berechnungen über die Einkünfte Elisas nach einigen Jahren hinfällig wurden, weil sich beim Tod ihres Vaters 1832 herausstellte, dass er statt der Reichtümer nur Schulden hinterlassen hatte, konnte sie sich mit ihren dänischen Verwandten doch darauf einigen, dass sie von ihnen eine auskömmliche Rente erhielt. Verglichen mit Immermann und seinen Brüdern, die wie alle preußischen Beamten nur ein dürftiges Einkommen hatten, so dass im Briefwechsel der Familie von Schulden ständig geredet wurde, blieb aber doch Elisa eine wohlhabende Frau. Erst als Landgerichtsrat in Düsseldorf erzielte Immermann das hohe Gehalt von 1000 Reichstalern jährlich. In Berlin, wohin er gern übergewechselt wäre, fand sich keine Stelle mit dieser Gehaltshöhe für ihn.

Anlass zur Scheidung hatte zweifellos Elisa gegeben. Der Versuch Ludmilla Assings, ihrer ersten Biographin, die von ihr verehrte Gräfin von Schuld rein zu halten und diese Lützow aufzubürden, der angeblich eine reichere Dame hatte heiraten wollen, ist unglaubwürdig, blieb unbewiesen und wurde schon in Kohlrauschs Erinnerungen widerlegt. Auch zeigen die Briefe Lützows, die er nach der Scheidung an Elisa und seinen Freund Adolph Schlüsser richtete, einen Verzweifelten, der von seiner Liebe zu Elisa nicht lassen konnte und sie wieder bei sich aufgenommen hätte, wäre sie zu ihm zurückgekehrt.

Schlüsser war ein Kriegskamerad aus Freikorpszeiten, der jetzt als Rittmeister im Generalstab diente

und an einer Geschichte des Freikorps arbeitete, die
bei ihrem Erscheinen 1826 enttäuschte, weil sie nur
trockne Zahlen und Fakten aneinanderreihte und jedes Eingehen auf individuelle Schicksale oder die
Problematik einer solchen Truppe vermied. Schlüsser also war von beiden Parteien als Vertrauensmann
für die finanziellen Angelegenheiten eingesetzt worden, doch wirkte er auch als Tröster des unglückli-
chen Generals. In den Briefen an ihn versuchte Lützow zwar auch schlechte Seiten an Elisa zu finden,
doch lief alles, was er über sie sagte, immer wieder
darauf hinaus, dass seine Liebe zu ihr unvermindert
erhalten blieb. So unterstellt er ihr zum Beispiel in
seinen Briefen vom 21. Dezember 1825 und vom 2. Februar 1826 Ähnlichkeiten mit ihrem Vater, dem *»Pa-
scha von Langeland«*. Diesem sei das Schicksal der
Tochter so gleichgültig, dass er sie *»eben so ruhig in
einem Hurenhaus, als an einem anderen Orte, es sei wo
es wolle«,* sehe. Sie, die *»nur frei sein und mit den
Männern spielen«,* wolle, werde sich, so prophezeit er,
*»schwer zu einer neuen Bindung entschließen können.
Sie gefällt sich als vornehme Dame, die sich edelmütig
ihrem Manne aufgeopfert hat. Die am Ende doch etwas
auf Stolz gegründete Art des Umgangs mit anderen
Ständen gefällt ihr und ist durch Erziehung und Gewohnheit so sehr ihr zur anderen Natur geworden, dass
sie davon schwer scheiden wird. Selbst ihre Leidenschaft
opfert sie diesem Lieblingsgefühle«* und ihrem *»Hange
zur Freiheit«* auf. Ihn habe sie *»beinahe an den Rand
des Wahnsinns gebracht«,* doch werde er *»sein Gefühl*

nie von ihr trennen«. »Hätte ich 100 000 rthl., so trüge ich mich ihr noch ein mahl an, verließ meine Dienstverhältnisse und lebte nur für sie.« »Geld, Glück und Ehre« sei er ihr zu opfern bereit.

Den Verlust Elisas zu verschmerzen gelang Lützow nie. Alle Briefe, die er später an sie schrieb, waren Liebesbriefe, auch der von 1828, in dem er der Mitteilung, dass er die Witwe seines Bruders Wilhelm geheiratet habe, den Satz anfügte: *»Die Liebe und Freundschaft bis in den Tod zu einem Wesen, was ich unendlich verehre, meine beste Elise, die bleibt sich gleich, nichts kann Dich aus meinem Herzen reißen.«* Dass seine zweite Frau, eine Auguste, ihn bald wieder allein ließ, ist also nicht zu verwundern. Sein Wunsch, Münster verlassen zu können, *»um Erinnerungen los zu werden, die mein Herz zerreißen«*, ging 1830 in Erfüllung. In Torgau wurde er Kommandeur einer Brigade, musste im Jahr darauf aber schon die Kränkung hinnehmen, durch den Prinzen Albrecht ersetzt zu werden, während man ihn zur Disposition stellte, also in den einstweiligen Ruhestand versetzte, der ihn noch unglücklicher werden ließ. In der Hoffnung, in Berlin alte Freunde zu finden, siedelte er dorthin über, wusste aber in seiner Mietswohnung im Tiergarten nichts mit sich anzufangen, weil er im Alleinsein keine *»Übung«* hatte, wie er an Elisa schrieb. Von seinem nutzlosen Leben zu erzählen, müsse er sich eigentlich schämen, heißt es in einem Brief vom 28. November 1833, denn er sei *»völlig ohne Geschäfte. Kein Mensch, sage keine menschliche Seele erinnert* *sich meiner. Leo* [sein jüngerer Bruder] *ist der einzige, der alle Monat einmal pflichtgemäß zu mir kommt, er ist mehr achtbar als angenehm und verlässt mich nie, ohne mein Gefühl verletzt zu haben. Dass der Lützowsche Name nicht floriert, ist ihm allerdings unangenehm, mir persönlich mag er wohl eine Demüthigung gönnen. ... – Ich bin stumpf geworden, die Dinge haben ihren Eindruck auf mich verloren. – Berlin ist übrigens ein fatales Offiziantenloch. Alles äfft dem Hofe nach. Bildung des Verstandes will ich den Berlinern nicht allgemein absprechen; das Gemüth ist aber ohne Fülle, sie sind in Vielwisserei, äußeren Schein und Vornehmtun versunken. Der Luxus ist groß. Ein Hausvater lässt seine Kinder nach dem Tode lieber betteln, als seine Gäste ohne Champagner. Die Frauen bedürfen unaufhörlich neuer Lumpen und bedenken nicht, dass ihre Kinder dereinst zerlumpt einher wandern müssen. In diesem Augenblick passieren lauter schöne Wagen und Pferde, die Livreen gleichen den Hoflivreen, denn jede arme Leutnantsfrau glaubt ein Stück des Hofes sein zu müssen. ... Vor 1813 hatte das Unglück die Berliner vernünftig gemacht, seitdem die Staatskassen richtig zahlen und die Orden fliegen, sind sie die Alten und noch schlimmer wie vor 1806. – Darf ich Dich besuchen, wenn ich im Frühjahr nach dem Rhein komme. Gern sagte ich Dir mündlich, dass ich nie aufhören kann, der Deinige zu sein.«*

Als Lützows Leben am 6. Dezember 1834 durch Schlaganfall, Nervenschlag sagte man damals, in seiner Wohnung im Tiergarten endete, war er erst zweiundfünfzig. Begraben wurde er vier Tage später mit militärischen Ehren, und der Aufwand, der dabei staatlicherseits getrieben wurde, ließ deutlich erkennen, dass ein toter Held der Befreiungskriege nun schätzenswerter als ein lebender war. Neben Prinzen und Generälen waren auch Alexander von Humboldt und der Geheime Oberregierungsrat Beuth, ein ehemaliger Lützower, anwesend. Vom gedämpften Schlag der Trommeln begleitet, zog die lange Leichenparade, zu der auch Abteilungen der Kavallerie, der Infanterie und der Artillerie kommandiert worden waren, vom Sterbehaus im Tiergarten durchs Brandenburger Tor in die Straße Unter den Linden und von dort zum Garnisonfriedhof in der Kleinen Rosenthaler Straße, wo nach der Leichenpredigt die Bestattung erfolgte, die von Geschützsalven begleitet war. Das noch heute vorhandene Grab wird geschmückt von zwei Steinen. Der eine wurde von seinen Waffengefährten gestiftet, der andere trägt die Inschrift: *Ludwig Adolph Freiherr von Lützow. Führer eines Freicorps im Befreiungskriege 1813 und 1814, errichtet von seiner früheren Gemahlin, der Gräfin Ahlefeldt.*

Anlass für die »frühere Gemahlin«, ihren Geburtsnamen wieder anzunehmen, war Lützows zweite Heirat gewesen. Angeblich hatte sie damit Verwechslungen vorbeugen wollen, doch ist anzunehmen, dass es ihr dabei mehr um den Ausweis ihrer wiedergewonnenen Selbständigkeit ging. Dass sie dadurch wieder zur Gräfin wurde, spielte für sie sicher auch eine Rolle, weil durch diese der Abstand betont wurde, den

Adolph von Lützows Grab
auf dem Berliner Garnisonfriedhof, heute.

sie auch zu ihr Nahestehenden hielt. Die Liebenswürdigkeit, die sie allen Menschen gegenüber zeigte,
war ihre Art, sie auf Distanz zu halten. Dass Immermann jünger war, zu ihr aufsah und ihre Beratung
brauchte, gab ihr die Sicherheit, nicht Opfer männ-
licher Herrschsucht zu werden. Und auch der Nachwelt scheint sie den Einblick in ihr Innenleben be-
wusst verweigert zu haben, indem sie offensichtlich
dafür gesorgt hat, dass keiner ihrer Briefe an Immermann, Friesen und Lützow erhalten blieb.

Erhalten geblieben ist aber das Dokument, in dem
der König von Dänemark, Frederik VI., der Frau von
Lützow am 11. März 1831 genehmigte, ihren Geburtsnamen wieder anzunehmen. Es ist in dem kümmer-

lichen Nachlass Elisas aufbewahrt worden, dessen Existenz Ludmilla Assing zu danken ist. Sie, die Nichte Karl August Varnhagen von Enses, hatte dessen umfangreiche Autographensammlung nach seinem Tode verwaltet und unter anderem auch durch die wenigen Hinterlassenschaften der Gräfin Elisa vermehrt. Durch ihre testamentarische Verfügung vom 15. Juli 1876 war die Sammlung der Handschriftenabteilung der Preußischen Staatsbibliothek übereignet und von dieser im Zweiten Weltkrieg nach Schlesien ausgelagert worden, von wo aus sie 1945, abgesehen von wenigen Verlusten, in die *Biblioteka Jagiellonska* in Krakau geriet. Dort liegt sie noch heute und ist seit 1980 auch wieder einsehbar.

Als Lützow starb, war Elisa mit ihm innerlich noch so sehr verbunden, dass Immermann, mit dem sie zusammenlebte, ihr aus Sorge um ihre Gesundheit die Nachricht erst vorenthielt. Zwei seiner durch Boten überbrachten Briefe an die gemeinsame Freundin Amalie von Sybel, die Mutter des bekannten Historikers Heinrich von Sybel, beschreiben nicht nur seine Ängste um Elisa, sondern auch seine Sicht auf den General. *»Sollten Sie durch die heutige Zeitung den Tod des Generals von Lützow ersehen haben und mit der Gräfin in diesen Tagen zusammenkommen, so erwähnen Sie nichts davon. Ich habe es für meine Pflicht gehalten, Maßregeln zu treffen, dass ihr diese Nachricht so schonend als möglich werde, deshalb erst nach Berlin geschrieben und mir einen Brief erbeten, der von einer Krankheit spricht, damit ich sie nach und* *nach auf das Schlimmste vorbereiten kann. Noch weiß sie nicht das Mindeste. Beide waren durch Verschiedenheit der Sinnesweise auseinander gekommen, jedoch die vertrautesten Freunde geblieben. Die Nachricht wird sie daher außerordentlich betrüben, und ich fürchte eine Erschütterung ihrer Gesundheit, wenn dieselbe ihr roh und unvermuthet zukommt. … Ich fürchte mich recht vor der nächsten Zeit, da ich weiß, wie heftig sie Todesfälle affizieren und wie leicht bei ihr aus Gemüthsbewegungen Krankheiten entstehn. – Was den Verstorbenen betrifft, so ist dessen Schicksal ein wahrhaft tragisches. Durch kühnen Muth und freie Gesinnung in einer kühnen und freien Zeit emporgetragen, erwarb er rasch einen, möchte ich sagen, europäischen Namen. Nachher im Frieden wusste ihm niemand eine Stelle zu geben, die in der That auch nur auf dem Marsch und in der Schlacht gewesen war. Endlich schob man ihn ganz bei Seite, und er kränkelte seine letzten Jahre im Zustande halber Verzweiflung hin. … Einen Augenblick als ich den Tod erfuhr, dachte ich an Selbstmord, der anliegende Brief beweiset aber denn doch den Nervenschlag. Ein herbes Geschick waltet über unserem Ausgange. Der Tod vor dem Feinde wäre ihm zu gönnen gewesen, unter allen Gedanken war ihm gewiss der unerträglichste, in seinem Bette sterben zu müssen.«*

Das Tragische dieses Lebens bestand aber nicht nur darin, dass man den Kriegsmann im Frieden beiseitegeschoben hatte, sondern auch in der Erkenntnis, dass von den Zielen, für die er gekämpft hatte, nur eines erreicht worden war. Friedrich von Petersdorff, der mit ihm zusammen das Freikorps geführt hatte, konnte besser als er diese Enttäuschung ausdrücken. Er schrieb an Elisa: *»Seit Friesen nicht mehr ist, sind Sie die Einzige, mit der ich die alten Zeiten mit den neuen vergleichen kann. Das Ideal, das uns damals vorschwebte, worauf wir mit geraden Schritten loszugehen glaubten, das wir zu erreichen gewiss hoffen konnten, ist nicht allein weit entfernter von uns, sondern sogar jede Hoffnung, es zu erreichen, ist verschwunden. Meine Idee von der Menschheit Glück ist noch dieselbe wie damals in Breslau, wo die Unterhaltung mit Ihnen darüber mir viele herrliche Stunden bereitete ... Ihre Freundschaft macht mich unendlich glücklich, sie giebt meinem Leben einen goldenen Schein der freudigsten Phantasie, durch den ich immer in jenen Zeiten erhalten werde, wo die Hoffnungen zur Erreichung einer allgemeinen Beglückung uns beseligten. ... Manchmal scheint es mir als hätte ich in voriger Zeit geträumt, dann denke ich an Sie, an die hohe Begeisterung, die sich in Ihnen aussprach, und ich fühle mich wieder in die Wirklichkeit versetzt, und die Überzeugung gewinnt neue Stärke in mir, dass, wenn ich es auch nicht mehr erlebe, doch einmal gewiss die Zeit der Wahrheit kommen wird.«*

Dichter und Gräfin

Die außereheliche Liebe der Gräfin Elisa, die zu ihrer Scheidung von Lützow und später in Düsseldorf zum eheähnlichen Zusammenleben mit Immermann führte, wurde damals selbstverständlich als skandalös empfunden, aber vom privaten Umfeld des Paares, das sich vorwiegend aus Theaterleuten, Autoren und Künstlern zusammensetzte, doch toleriert. Auch die staatliche Behörde, die den tüchtigen Juristen beschäftigte, scheint darüber hinweggesehen zu haben, während die Angehörigen seiner Familie sich mit der unbürgerlichen Liebesbeziehung lange nicht abfinden konnten, und er selbst, der schon am Beginn seiner Liebe den Spalt zwischen seinen zwei Lebenskreisen beklagt hatte, wurde das schlechte Gewissen des sich ins Unerlaubte verirrten Bürgers nicht los.

Über die innere Entwicklung dieser Beziehung weiß man nur wenig, weil von Elisas Briefen an Immermann keine erhalten blieben und von Immermanns Briefen an sie nur jene, die Ludmilla Assing als Anhang zu ihrer Biographie Elises veröffentlicht hat. Sie sind in der ersten Periode ihrer Beziehung in den Jahren 1822 bis 1824 entstanden und rein freundschaftlich gehalten, waren dem Ehemann also vorzeigbar. Die ersten vier wurden noch in Münster geschrieben, die anderen in Magdeburg, wohin Immermann 1823 versetzt worden war. In den letzten dieser Briefe ist schon von Elisas Plänen zu einer Reise nach Dresden die Rede, mit der dann die Trennung von Lützow vollzogen wurde, noch bevor die offizielle Scheidung ausgesprochen war.

In Dresden lebte Elisa mit ihrer Freundin Henriette Solger zusammen, und sie zögerte, wie es scheint, eine Begegnung mit ihrem jungen Geliebten hinaus. Sie erfreute sich an den dortigen Kunstschätzen und ließ sich von ihrer Freundin, deren verstorbener Mann ein enger Freund Ludwig Tiecks gewesen war,

Karl Immermann. Gemälde von Wilhelm Schadow, 1828.

bei diesem einführen und bereitete so Immermanns spätere Verbindung zu Tieck schon vor. Denn Immermann war als Autor bereits in den Anfängen ein Nacheiferer Tiecks gewesen. Wie dieser wandelte er sich vom Romantiker zum Realisten, und er wurde wie dieser ein ausgezeichneter Vorleser, der auf die Müdigkeit der Zuhörer wenig Rücksicht nahm. Auch lebte Tieck, obwohl er verheiratet war und zwei Töchter hatte, mit seiner Geliebten zusammen, die Gräfin Henriette von Finckenstein hieß.

Im August 1824 trafen die Liebenden sich in Halle. Doch war die Begegnung nur kurz und wenig erfreulich, weil Immermann die Gräfin zur Heirat drängte, diese aber, die amtlich noch gar nicht geschieden war, nichts davon wissen wollte und sich wahrscheinlich Bedenkzeit erbat. Angeblich ihrer Kränklichkeit wegen, wahrscheinlich aber, um eine Entscheidung hinauszuzögern, fuhr sie zu Kuraufenthalten, verbrachte in Bad Ems und in Schlangenbad viele Monate und fand sich erst im Sommer 1825, also nach ihrer Scheidung, bei Immermann in Magdeburg ein. Wie aus einem Brief Immermanns an Lützows Freund Schlüsser hervorgeht, wohnte sie kurze Zeit im Hause von Immermanns Mutter, die sie anfangs auch freundlich behandelte, weil sie in ihr die künftige Schwiegertochter sah. Als Elisa sich aber der Heirat verweigerte, wurde das Verhältnis zwischen den beiden Frauen unerträglich, und Elisa zog aus. Sie mietete sich am Rande der Stadt eine eigne Wohnung und nahm ihre siebzehnjährige Tochter (oder vielleicht auch Halbschwester) Adolphine, die so lange in Hamburg gelebt hatte, für einige Zeit bei sich auf. Mit ihr, die sie als ihre Pflegetochter ausgab, verstand sie sich wenig, mit Immermanns Mutter war sie zerstritten, und von seinen Geschwistern wurde sie nur vom Bruder Ferdinand anerkannt. Die kleinbürgerliche Umgebung wirkte auf sie bedrückend, so dass sie aufatmete, als Immermann im Februar 1827 nach Düsseldorf versetzt wurde und sie ihm folgen konnte, um Magdeburg danach niemals wieder zu sehen. Sie trennte sich auch wieder von Adolphine, die 1836 in Elberfeld einen Gymnasiallehrer namens Karl Kegel heiratete, Elisa danach nur selten besuchte, brieflich aber mit ihr in Verbindung blieb.

Das Verhältnis Elisas zu Immermanns Verwandtschaft scheint sich nie verbessert zu haben, zumindest spricht in Immermanns umfangreichem Briefwechsel mit Mutter und Geschwistern nichts dafür. An seine Verwandtschaft sind mehr als die Hälfte seiner erhalten gebliebenen Briefe gerichtet, doch nur in denen an Ferdinand, den ihm liebsten seiner Brüder, wird Elise manchmal, aber auch nur selten erwähnt. Nie wird sie gegrüßt oder lässt grüßen, und auch bei seinen Familienbesuchen begleitete sie ihn nie. Erst als er seine Beziehung zu ihr beendete, redete er in Briefen voller Selbstanklagen über sie.

Sich in Magdeburg einzugewöhnen fiel nicht nur Elisa, sondern auch Immermann schwer. Seine Heimatstadt, in der seine Geliebte sich nicht wohl fühlen konnte, war auch ihm zuwider geworden, *»dürr und*

charakterlos« nannte er sie in einem Brief. *»Magde-*
burg ist ein fürchterlicher Ort, ohne irgendeinen Reiz.
... Zu meiner Familie passe ich nicht und zu meinen
Jugendfreunden auch nicht mehr. Denn warum soll ich
es nicht aussprechen, dass sie stehen geblieben sind, ich
aber fortgeschritten bin, und dass wir nichts mehr zu
theilen haben als Erinnerung. ... Ich habe mich eine
Zeitlang jämmerlich umherzerren lassen, nun habe ich
mich ganz isoliert, und es ist mir wohler.« Und an Karl
August Varnhagen schrieb er kurz vor seiner Versetzung nach Düsseldorf von seiner Hoffnung auf freie-
re, der Dichtung günstigere Verhältnisse am Rhein.
»Wenn man die Poesie gründlich ausrotten wollte, so
müsste man die Dichter nach Magdeburg senden«,
denn dort gebe es nur *»Kanonen, Beamte und Krämer«*
und einen gänzlichen Mangel an *»Phantasie«.*

In die Magdeburger Jahre fiel auch seine Enttäuschung darüber, dass Elisa nicht immer so wollte wie
er. Schon vor ihrer Scheidung war zwischen ihnen
von Heirat die Rede gewesen, und Elisa war, wie Immermann später behauptete, erst seinem Verlangen
danach entgegengekommen, hatte aber ihre Meinung
darüber nach den Magdeburger Erfahrungen korri-
giert. Auch in den kommenden Jahren, in denen sie
ihm als Zuhörerin und Kritikerin seiner Dichtungen
unentbehrlich wurde, versuchte er sie immer wieder
umzustimmen, sie aber blieb bei ihrer Verweigerungs-
haltung, über deren Ursachen sie ihn und die Nachwelt im Unklaren ließ. Vielleicht ahnte sie schon, dass
sie einmal einer Jüngeren wegen verlassen werden

würde. Vielleicht wollte sie, die durch Scheidung wieder zur Gräfin Gewordene, aus Rücksicht auf ihre Familie nicht zu einer Frau Immermann werden. Sicher aber, und dem Manne unverständlich, scheute sie vor dem Verlust ihrer wiedererlangten Selbstbestimmung zurück.

Zu den Befürwortern einer erneuten Heirat Elisas gehörte seltsamerweise auch Lützow, dem auch noch nach der Scheidung ihr Wohlergehen am Herzen lag. Nur die Ehe, meinte er, würde sie vor Notlagen und einem schlechten Ruf bewahren können, und da er Immermann verdächtigte, es nicht ernst mit Elise zu meinen, wurde Freund Schlüsser von ihm beauftragt, bei Immermann auf Heirat zu drängen, sogar finanzielle Zuwendungen bot er ihm an. Immermann aber, der wohl nicht zugeben wollte, dass er in dieser Liebesbeziehung die untergeordnete Rolle spielte, nannte als Grund für die Verzögerung sein momentan noch zu niedriges Einkommen und tat Elises Bedenken gegen die Heirat als Grille ab. »*Die Heirath ist erst dann möglich, wenn ich ein Einkommen besitze, welches auch sie in den Stand setzt, frey von Nahrungssorgen und unabhängig von fremden Geldern zu leben. Wenn man einen Schritt thut, der Standesbegriffe und Meinungen vieler Menschen verletzt, so muss man die Mittel haben, welche ihre Launen und Sinnesänderungen für uns unschädlich machen. Deshalb sind auch die dänischen Einnahmen, die in Hinsicht der Sicherheit den Lotteriegewinnsten gleichstehen, in den künftigen Plan nicht mit einzurechnen. Ich habe als jüngs-*

ter Rath in D.[üsseldorf] ein Gehalt von 1000 Reichsthalern, das ist, wie Sie einsehen werden, ganz ungenügend. ... 1500 Reichsthaler sind aber wenigstens zur Führung eines Hauswesens nothwendig, soll sie nicht zu fühlbar entbehren. Eine solche Einnahme zu erringen, werde ich auf alle erlaubte Weise anstreben. Habe ich dieses Ziel erreicht, so werde ich mit derselben Festigkeit, womit ich mich jetzt gegen voreilige Handlungen setzen muss, versuchen, ihre Bedenken zu heben, die Sache ihr aus dem richtigen Gesichtspuncte zu zeigen und sie bitten, einen Entschluss zu fassen, der uns alle endlich beruhigt. Sie ist gut, sie ist vernünftig, und ich darf hoffen, dass Grillen das gesunde Gefühl nicht überwältigen werden. Bis dahin ist es meine Pflicht, sie zu schonen und entsagend dem, was mir das Glück des Lebens dünkt, ihr Freund zu seyn.« Von Mann zu Mann wurde hier also über Elisa wie über ein hilfloses Kind verhandelt, und keinem der Männer kam dabei der Gedanke, dass der Grund für die Eheverweigerung vielleicht Furcht vor Verlust der Selbständigkeit war.

Als Immermann 1827 nach Düsseldorf versetzt wurde und Elisa ihm folgte, hatte die Stadt, die im Laufe des 19. Jahrhunderts durch die Industrialisierung zur Großstadt anwachsen sollte, nur etwa 20 000 Einwohner, war aber von einiger Bedeutung, weil sie von Preußen, zu dem sie seit 1815 durch die Beschlüsse des Wiener Kongresses gehörte, zur Provinzialhauptstadt des preußischen Rheinlandes gemacht worden war. Auch war hier die königliche Familie durch einen Neffen Friedrich Wilhelms III., den Prinzen Friedrich, vertreten, und da der Prinz Interesse an Theater und Dichtung hatte, wurden Immermann und die Gräfin an seinen Hof geladen und damit auch für die städtischen Honoratioren gesellschaftsfähig gemacht.

Das Paar, das erst eine Stadtwohnung am Hofgarten bewohnte, bezog 1830 im nahen Derendorf einen geräumigen Landsitz, den zur Freude Elisas ein prächtiger Park umgab. Da der Landgerichtsrat Immermann zu der von der preußischen Regierung eingesetzten Verwaltung gehörte, hatte er mit den Einheimischen, die zwangsweise zu Neupreußen geworden waren, anfangs nur wenig Kontakt. Er sah in ihnen eine *»eitle, leere, nach außen gekehrte, nichtsnutzige Bande«,* die vom Leben nicht mehr verlangte als *»Essen und Trinken«* und dazu auch noch gegen die Regierung *»aufsätzig* [!]« war. Später hat er allerdings neben der lieblichen Landschaft auch die Leichtlebigkeit des *»Rheinvolks«* durchaus zu schätzen gewusst.

Neben den Mitgliedern der preußischen Verwaltung waren es die Künstler, denen sich Immermann rasch anschloss. Die dortige Kunstakademie, die schon im 18. Jahrhundert bestanden hatte, war ab 1819 von Peter Cornelius erneuert worden, und dessen Nachfolger Wilhelm Schadow, der Sohn des berühmten Berliner Bildhauers, hatte sie seit 1826 zum Erblühen gebracht. Ihm besonders war es zu danken, dass die sogenannte Düsseldorfer Malerschule zu einem festen Begriff in der Kunstgeschichte geworden ist.

Gutshaus in Derendorf bei Düsseldorf. Holzschnitt, um 1860.

Immermann und Schadow wurden schnell Freunde, und da der Maler einen großen Bekanntenkreis
hatte, wurde Immermann bald nicht nur in der
Kunstakademie heimisch, sondern er wurde auch mit
den Persönlichkeiten des öffentlichen und geistigen
Lebens bekannt. Für ihn, den ernsten und pflicht-
bewussten Preußen, wurden die Jahre am Rhein, wo
das Leben leichter genommen wurde, zu der litera-
risch fruchtbarsten Periode, in der dann auch mit
den Romanen »Die Epigonen« und »Münchhausen«
sein die Zeiten überdauerndes Prosawerk entstand.
In seinen »Düsseldorfer Anfängen«, die bezeichnen-
derweise die Form von Maskengesprächen zur Karne-
valszeit haben, erinnert er sich an seine ersten Ein-
drücke, als er, aus der Magdeburger Enge kommend,
am Rhein unter die Künstler mit ihren *»bloßen Häl-
sen und langen Bärten«* geriet. *»Aus dumpfer Arbeits-*

schwüle trat ich in einen heitern Kreis, dessen Arbeit auf die Schönheit ging, und hatte selbst Muße. Aus formlosen Umgebungen kam ich unter solche, denen unter den Händen alles zur Form wurde, nicht allein ihr geistiges Leben und Weben, sondern auch des Alltags Ernst und Scherz. Das Schadowsche Haus war der Mittelpunkt der höheren Geselligkeit. Ich wurde darin als Freund willkommen geheißen und habe eine Zeit lang seine Leiden und Freuden mitgemacht.«

An der Freundschaft mit Schadow, die später schwere Krisen durchlebte, weil der Dichter, der sich ein außerkirchliches Christentum mit pantheistischen Zügen verfertigt hatte, den strengen Katholizismus des zu diesem konvertierten Malers nicht ertragen konnte, scheint Elisa so wenig Anteil genommen zu haben wie an der Fürsorge, mit der Immermann den mittellosen und kranken Christian Dietrich Grabbe vor dem Untergang zu retten versuchte, und auch von ihrer Mitwirkung an Immermanns vielgerühmter Erneuerung des Düsseldorfer Stadttheaters ist nichts bekannt. Ihre Aufgaben scheinen sich in diesen Jahren mehr und mehr darauf beschränkt zu haben, dem Dichter eine angenehme Häuslichkeit zu schaffen und als erste Zuhörerin und Kritikerin seiner literarischen Arbeiten immer zur Hand zu sein. In seinen Reiseberichten vermied er es, sie in Person auftreten zu lassen, und auch in seinen Briefen wird sie, abgesehen vom traurigen Ende der Beziehung, nur in Ausnahmefällen erwähnt. Im geselligen Verkehr mit den engsten Freunden genoss er

wahrscheinlich die Verehrung, die seiner schönen
Geliebten entgegengebracht wurde, für die Öffentlichkeit und die Nachwelt aber hielt er sein nicht-
eheliches Zusammenleben, das ihm das schlechte
Gewissen bescherte, lieber im Hintergrund.

In seinem 1825 entstandenen Trauerspiel »Cardenio und Celinde«, das so erfolglos blieb wie seine
anderen Stücke, werden unter historischen und schau-
erromantischen Verhüllungen seine ständigen Zweifel an der Moralität der ihm von Elisa aufgedrängten
Lebensform deutlich, wenn da die strikte Weigerung
Celindes, mit ihm zum Altar zu treten, schließlich
zu Cardenios Untergang durch Selbstmord führt. *»Ich*

Gesprächsrunde in Derendorf. Zeichnung von Ludwig Pietsch,
1864. (Rechts die Gräfin, in der Mitte Immermann,
links Grabbe.)

liebe Dich, Du weißt, von ganzem Herzen«, hat da Celinde, möglicherweise nach Elisas Vorbild, zu sagen,
*»Allein Dein Eheweib werd' ich nimmermehr. / Die
Eh' ist mir verhasst; sie deckt mit Schatten / Des Lebens sonnenhellsten Garten zu. / Die Dichter fabeln
viel von Dolch und Gift / Als Feinde zarter Liebe; sie
vergessen / Die schlimmste Feindin stets, die Heirat,
drüber, / Jedwedes Schönen kläglich Trauerspiel. / Es
sage Ja, wer Nein im Herzen trägt! / Ich brauche nicht
das Wort, Dir zu gehören, / Ich liebe Dich zu tief, um
es zu sagen. / Soll Gunst vom steifen Recht ertrotzt
werden? / Bannt der Besitz das Göttlich-Flüchtige? /
Frei will ich sein; nur in der Freiheit fühl ich. / Die
Zärtlichkeit muss sich stets neu gebären; / Die Zung'
der Wage muss beständig drohn / Mit Ausschlag und
in jedem Augenblick / Sich für den Glücklichen aufs
neu entscheiden«.* Celinde, die älter ist als Cardenio
und einen liederlichen Grafen zum Vater hat, darf
dann noch ein *»Lieber sterben / Als Sklaverei von
Mannes Hand erwerben!«* reimen, worauf Cardenio
ihr die Verse *»Das Heiligste, das Würdigste in mir /
Ist leider ein verschlossenes Kleinod Dir«* zur Antwort
gibt.

So deutlich wie in diesem Stück aus den Anfängen
der Liebesbeziehung kehrt diese Problematik in seinen reiferen Werken nicht wieder, war aber, wie das
traurige Ende zeigt, auch in den Jahren in Düsseldorf immer da. Elisa konnte hier miterleben, wie ihr
Freund und Schützling in etwa zehn Jahren vom un-
bekannten und erfolglosen zum wohlbekannten und

auch mäßig erfolgreichen Autor wurde, der mit Ludwig Tieck von Gleich zu Gleich korrespondierte, Heinrich Heine und Mendelssohn-Bartholdy seine Freunde nennen durfte und von den besten Köpfen in Kunst und Literatur ehrenvoll empfangen wurde, wenn er nach Berlin, Dresden oder Weimar kam. Über seinen Aufstieg in die Riege der literarischen Besten ist der Nachwelt so viel Material erhalten geblieben, dass Bücher darüber geschrieben werden konnten, über Elisas Leben in diesen Jahren aber weiß man nicht viel mehr, als dass sie, immer im Hintergrund bleibend, an der Entwicklung von Immermanns literarischen Kräften entscheidenden Anteil hatte, was von ihm auch immer anerkannt worden ist. Ob aber ihr Anteil über das Zuhören, Beifallgeben, Mutmachen und Kritisieren hinausging, behielt er für sich. Eine Gemeinschaftsarbeit, wie sie sie am Anfang ihrer Beziehung mit der Übersetzung von Walter Scotts Roman »Ivanhoe« vereinbart hatten, ist mit Sicherheit später nicht mehr unternommen worden, und dass mit dem Wachsen seiner Selbstsicherheit ihr Anteil an seinem Schaffen unwichtiger wurde, versteht sich von selbst. Es ist also anzunehmen, dass sich seine Liebesbereitschaft in dem Maße verminderte, in dem seine Anerkennung in der Öffentlichkeit wuchs. Als er sich dann von Elisa lossagte, war der Höhepunkt seines Ruhmes erreicht.

Als er im Herbst 1839, schon seit einem Jahr etwa beglückt durch die neue Liebe, sich im Tagebuch an einer Bilanz der alten versuchte, legte er sich aber andere Ursachen seines Liebesverrats zurecht. *»Selten wohl hat das Geschick ein seltsameres Verhältnis gestiftet«*, so beginnt er, gleich die beabsichtigte Selbstkritik durch höhere Mächte relativierend, *»als dasjenige, welches die Leidenschaft zwischen der Gräfin und mir herbeigeführt hatte. Ich nenne unser damaliges Gefühl eine Leidenschaft und vermeide das Wort Liebe, weil der starken und heftigen Empfindung von Anfang an viel Irres und Wirres beigemischt war.«* Da seien, so fährt er fort, *»zwei entgegengesetzte eigenartige Naturen«* unterschiedlichen Alters zusammengekommen, die einander nie hätten vollständig verstehen können. Zwar sei er mit ihr oft *»angeregt, entzückt und hingerissen, nie aber eigentlich glücklich gewesen«*, da die *»Lebensfrage«* dieses Verhältnisses, nämlich die Stellung zur Ehe, durch die *»Grundverschiedenheit«* ihrer Charaktere falsch beantwortet worden sei. Nachdem sie seine Bitten, ihn zu heiraten, immer wieder abgelehnt habe, sei es sein *»großer Fehltritt«* gewesen, diesen Zustand so lange gebilligt zu haben. *»Nie war ich auch nur einen Augenblick in dem stillen Seelenfrieden, der zuletzt das allein wahre Seelenglück ist. Nie verließ mich ein Gefühl der Verlegenheit, der wunden Schaam. Ich hatte mit einem Worte kein gutes Gewissen über einen wichtigen Punkt meines Lebens«*, und dieses wirkte sich natürlich auch auf das Verhältnis zur Gräfin aus. *»Weil wir nicht auf dem gemeinsamen Boden des frommen Rechts und der schlichten Wahrheit standen, sondern auf einem gemachten, künstlichen, so waren wir in einigen Jahren,* *über die Leidenschaft und Leichtsinn hinüber geholfen hatte, bald weit auseinander. Die echte Quelle des Lebens sprang uns nicht, so vertrocknete denn vieles zwischen uns. ... Ich wurde einsilbig, verschlossen, verdrießlich gegen sie, suchte meine Erholung meistens außer dem Hause, und andere Menschen besaßen in wichtigen Angelegenheiten weit mehr mein Vertrauen als sie. ... Ich hatte seit Jahren die Überzeugung, dass mein Zusammensein mit der Gräfin nur noch ein zufälliges sei und jede wirkende Ursache den morschen Bau zertrümmern könne. Ich muss dabei den Fehler bekennen, dass ich unterlassen habe, diese Überzeugung mit dürren Worten auszusprechen, obgleich ich den Gedanken einer Trennung zu beider Heil lange mit mir herumtrug. Wenn ich ihn dennoch zurückschob, so liegt das darin, weil das Gefühl nicht auf einmal abscheidet, sondern längere Zeit neben den Symptomen des unvermeidlichen Todes noch Lebenszuckungen zeigt, und weil die Macht der Gewohnheit groß ist. Auch war ich der Gräfin von Herzen dankbar, werde es stets bleiben. Ich erkenne an, dass sie neben dem Widersinnigen und Zweideutigen, was sie in mein Leben gebracht, mir doch auch in unendlich vielen Beziehungen die reichste Fördernis gegeben und mich überhaupt erst zum Mann gemacht hat.«*

In den Jahren des Zusammenlebens mit der Gräfin entstand sein Roman »Die Epigonen«, der trotz schemenhafter Personengestaltung und romantischer Unwahrscheinlichkeiten ein realistisches Bild seiner unschöpferischen, von geistigem Stillstand gezeichneten Gegenwart gibt. Nach dem Muster von Goethes »Wilhelm Meisters Lehrjahre« muss die Hauptperson Hermann die verschiedenen Schichten der Restaurationsgesellschaft durchlaufen, wobei er sowohl mit dem Adel und der beginnenden Industrialisierung als auch mit der Demagogenverfolgung seine Erfahrungen macht. Zwei von ihm geliebte Frauen, eine Herzogin und die schon erwähnte Gräfin Johanna, sind ihm, wie dem Autor die Gräfin Elisa, an menschlicher Reife und gesellschaftlicher Stellung überlegen, während ein Flämmchen genanntes weibliches Wesen, das ein wenig zu sehr an Goethes Mignon erinnert, durch die Handlung irrlichtert, als sei eine solche Kindfrau des Autors uneingestandener Traum.

Das bräutliche Kind

In den ersten Oktobertagen des Jahres 1838, als Immermann seinen Bruder Ferdinand anlässlich einer Kindstaufe in Magdeburg besuchte, wurde sein Traum von einer Kindfrau unvermutet Realität. *»Wie ist denn das nur zugegangen«*, fragte er sich in seinem Tagebuch, *»dass Dir das braune Mädchen mit der kurzen Oberlippe das anthun konnte? Wie konnten Dich zwei freundlich aufmerkende Augen, einige hundert Worte und ein gelblicher Teint so in Feuer und Flammen setzen? Und ich antwortete mir: Es ist eben so zugegangen. Und ich fragte mich: Bist Du denn nicht zwei und vierzig Jahre alt? Und ich antwortete mir: Ja wohl, eben darum.«*

Die Achtzehnjährige hieß Marianne, war die Tochter des Magdeburger Arztes Eduard Niemeyer und die Enkelin des Theologen und Pädagogen August Hermann Niemeyer, der Kanzler der Universität in Halle und auch Direktor der Francke'schen Stiftungen gewesen war. Ihre Mutter war schon 1825, ihr Vater 1837 gestorben, und zu ihrem Vormund war Ferdinand Immermann ernannt worden, der nun mit

Marianne Niemeyer mit ihren jüngeren Schwestern,
um 1830. Künstler unbekannt.

Erschrecken beobachten musste, wie sein älterer Bruder den Reizen seines minderjährigen Mündels erlag.

Da Marianne, im Gegensatz zu Elisa, später darum bemüht war, sich einen Platz in der Literaturgeschichte zu sichern, hat sie zwar die Masse von Immermanns Briefen an sie vernichtet, ihre Liebesgeschichte mit dem vierundzwanzig Jahre älteren Dichter aber selbst aufgeschrieben und aus seinen Tagebüchern die sie betreffenden Teile nicht ausgeschieden, sondern daraus nur beseitigt, was ihr zu intim oder sonst unangenehm war. Für die Nacherzählung des sich in Magdeburg anbahnenden Verhältnisses bieten die Quellen also ausreichend Stoff.

Marianne war mit Büchern aufgewachsen, denn

sie hatte die schönsten Jahre ihrer Kindheit in der gelehrten Umgebung ihrer Großmutter in Halle verbracht. In Magdeburg aber kam ihr erstmalig ein leibhaftiger Dichter vor Augen, dessen gedrungene Gestalt zwar für sie wenig Ansprechendes hatte, der aber seiner Berühmtheit wegen die Achtung aller Anwesenden genoss. Dass er für sie nicht nur Interesse zeigte, sondern ihr unverhohlen huldigte, überraschte sie, es war für sie aber auch schmeichelhaft. *»Sechzehn selige Tage waren wir beisammen«*, heißt es in ihren im Alter entstandenen Aufzeichnungen, und diese seien von ihr genossen worden, obwohl sie noch nicht begriffen hatte, was hier geschah. Immermann nutzte jede Gelegenheit, um mit ihr zu reden, und da sie ihm gern zuhörte, konnte es vorkommen, dass ihr auf langen Spaziergängen sogar die reizlose Umgebung Magdeburgs als *»Eldorado«* erschien. Wenn sich am Abend die ganze Verwandtschaft im Hause von Immermanns Mutter versammelte, um der Vorlesung aus seinem in Arbeit befindlichen Werk zu lauschen, verstand sie davon wahrscheinlich nur wenig, behauptete aber im Alter, sie habe *»mit durstiger Lippe«* getrunken, *»was sein reicher Geist«* ihr bot.

Er war damals mit den Anfängen seines letzten und besten Romans beschäftigt, der das ungewöhnliche Schicksal hatte, in seiner Gesamtheit hohes Lob von der Literaturwissenschaft ernten zu können, während er den Lesern nur in Teilen gefiel. Als dann aber der gewitzte Verleger diese publikumswirksamen Teile, die einen in sich geschlossenen Bauernroman mit ei-

ner herzbewegenden Liebesgeschichte erzählen, ge-
sondert unter dem Titel »Der Oberhof« veröffentlichte, war ihm damit ein großer Erfolg beschieden,
während das Ganze unter dem Originaltitel »Münchhausen« eine Sache für Spezialisten blieb. Denn nur
diese, die es bis heute für verwerflich halten, den
aus guten Gründen dualistisch aufgebauten Roman
zu zerreißen, konnten und können die satirischen
und parodistischen Passagen, die auf Pückler-Muskau,
Alexander von Humboldt, Bettina von Arnim, Hou-
wald, Platen, Gutzkow und viele andere Literaten jener Jahre zielen, als solche erkennen und witzig finden, während die Masse der Leser, auch schon der
damaligen, nur breitgetretenen Ulk darin erkennen
kann.

Als die noch ahnungslose Marianne im Oktober
1838 in Mutter Immermanns Hause erste Passagen
aus dem »Münchhausen« hörte, war die herzbewe-
gende Liebesgeschichte zwischen dem Jäger, der eigentlich ein Graf ist, und dem elternlosen Mädchen
Lisbeth noch nicht geschrieben, aber als der Autor
die Blicke Mariannes auf sich ruhen fühlte, keim-
te sie vielleicht schon in ihm. So wie er vorher die
Gräfin Elisa in den »Epigonen« zur Gräfin Johanna
gemacht hatte, sollte er wenig später die jugendliche
Marianne im »Münchhausen« in die ebenso junge
Lisbeth verwandeln, die zwar blond ist, aber an der
zu kurzen Oberlippe doch erkennbar bleibt. Sie ist
Immermann lebendiger als manche andere Roman-
figur geraten und nimmt sich in der traditionsver-

hafteten westfälischen Umwelt mit ihren knorrigen
Gestalten der Bauern ganz prächtig aus. Dass diese
in den »Münchhausen« eingeflochtene Oberhof-Ge-
schichte unschuldig daran ist, dass sie später völki-
schen Literaten als Vorbild für unzählige Bauern-
romane diente, sei nur am Rande vermerkt.

Marianne ließ sich also, wie sie berichtet, die Auf-
merksamkeiten des Dichters mit Freuden gefallen,
war dabei aber noch ganz ahnungslos. Erst später, als
Immermann darauf bestand, dass auch sie als Gevat-
terin bei der Taufe mitwirken sollte, befiel sie eine
»mädchenhafte Befangenheit«. Denn als er ihr, wie es
der Brauch war, die für die Festlichkeit bestimmten
weißen Handschuhe mit einem Blumenstrauß über-
bringen ließ, fand sie darin ein für sie bestimmtes
Gedicht, und zwar jenes, das später der Jäger für
Lisbeth dichtete und das diese zu Tränen rührte und
ihr die Worte eingab: *»Sie machen zu viel aus mir.«*

> *»Ich wollte dir mit leichten Scherzen*
> *Die arme kleine Gabe reichen;*
> *Da trat mir ein Gefühl zum Herzen,*
> *Das jene Scherze machte weichen.*
> *Es war die fromme, sanfte Rührung,*
> *Wenn man durch guter Genien Führung*
> *Die lieblichste Natur erblüht*
> *Und aus sich selbst entfaltet sieht.*
>
> *In deinem Ernst, in deinem Lachen*
> *Gehörst du dir nach holdem Rechte;*

Was deine frischen Lippen sprachen,
Es ist das Deine, drum das Echte.
Wo solche Zauber im Gemüte,
Folgt das Geschick, wie Frucht der Blüte;
So lebe, lebe immerzu
Dein Los, dir eigen, hold wie du.«

Bevor Immermann abreiste, bat er sie darum, ihr gelegentlich schreiben zu dürfen, und ermahnte sie, in ihren Antwortbriefen so frei und ungezwungen wie im mündlichen Gespräch zu sein. Als aber der erste Brief von ihm kam, in dem er seine *»innige, ja heiße Liebe«* ausdrückte, und sie in sich das *»sehnende Verlangen«* erkannte, das sie zu *»dem Manne hinzog«*, der ihr *»wahres Leben erweckt hatte«*, da verlangte ihr Vormund von ihr das Versprechen, seinem Bruder nicht zu antworten, da dieser *»schon seit Jahren durch Liebe und Freundschaft an die Gräfin Ahlefeldt gefesselt«* sei. Die verständige Großmutter in Halle aber entband sie von diesem Versprechen, und *»unter ihrer Ägide entspann sich nun ein Briefwechsel nach Magdeburg und Düsseldorf, der bald nach Neujahr, trotz mancher Widersprüche des Vormunds und der tief verletzten Gräfin Ahlefeldt, zu dem Versprechen führte, uns innerlich anzugehören, aber uns erst durch die Ehe zu verbinden, wenn letztere sich beruhigt habe und das bisherige Verhältnis«* aufgelöst sei.

Immermanns Briefe an sie, die nach ihrer Meinung mehr enthielten *»als alles, was er sonst geschrieben«*, nämlich *»den Vollgehalt seines Wesens«*, hat sie nach ihrem Tode leider verbrennen lassen, so dass nur Teile davon, die ihr genehm waren, in Abschriften erhalten geblieben sind. Diese handeln in vielen Variationen vor allem von dem Glück eines Mannes, der nun endlich in der Liebe nicht mehr der Unterlegene ist. Wenn er sie, wie sie selbst berichtet, gern sein *»bräutliches Kind«* nannte, sie in Briefen mit *»mein Mädchen«* anredet oder ihr gesteht, neben der *»Gluth des Liebenden«* auch die *»uneigennützige Zärtlichkeit des Vaters«* für sie zu fühlen, klingt dabei immer die Erleichterung an, von der Verbindung mit der ihm überlegenen Gräfin erlöst zu sein. Dem befreundeten Kunstwissenschaftler Karl Schnaase gegenüber gesteht er seine *»große Abhängigkeit«* von der Gräfin. *»Sie war mehrere Jahre älter als ich, sie stand in der Sonnenhöhe einer schönen, klugen, vornehmen Frau, zu deren Erinnerungen Könige und Kaiser gehörten, als ich noch ein unbedeutender junger Mensch war. Dieses Urverhältnis blieb immerdar, und während sie mich zu verwöhnen schien, behielt sie doch eigentlich immer das größte Übergewicht über mich. Ich habe mich vor Niemand je so gefürchtet, wie vor ihr.«*

Dieses Übergewicht aber war in seinen Augen, und nicht nur in seinen, ein unnatürliches, wie er es nun seiner jungen Braut, der er auch Vater und Lehrer sein will, erklärt. *»Ich will Dich hegen und halten wie meinen Augapfel, Du sollst gehoben werden in meine geistigen Bahnen und Deine Seele will ich ausweiten mit allem Hohen, Würdigen und Unsterblichen,* *was mir zugänglich ist«.* Er fordert sie dazu auf, sich in seine Werke hineinzu»*leben«,* damit ihr *»die Wege«* seines *»Geistes offenbar werden«.* Er lobt sie für ihren Willen, immer fügsam zu sein. *»Alles denkst und fühlst Du weiter, was ich in Dir anschlage. Das ist das richtige Verhältnis, das Weib muss nie positiv werden wollen … Aber im Empfangen kann das Weib wahrhaft genial sein. Nie fürchte ich in Dir auf etwas Starres, Ablehnendes zu stoßen, immer weiß ich, dass die weichste Regsamkeit mir entgegen quillt. Du bist wie die Laute, die ich rühre, und sie tönt in vollen Accorden. Lass Dich immer von mir regen und rühren, ich werde keinen rauen, keinen unheiligen Griff in Deine Saiten tun.«* Und als Grund für seine Liebe zu ihr gibt er auch das Folgende an: *»Ich habe so rasch mit Dir in diese Innigkeit des Vertrauens hinein wachsen können, weil das Verhältnis zwischen uns das richtigste ist, was zwischen Mann und Weib gedacht werden kann. Der Mann muss durchaus das Positive sein, das Bestimmende, Feste, Ausspendende; das Weib das Biegsame, Aufnehmende, Einsaugende und den Mann anmuthig und rein Wiedergebärende. Je klarer und entschiedener dieses Verhältnis steht, desto glücklicher ist der Liebesbund, desto mehr gehen die beiden in einander über. Ich bin eine äußerst positive Natur, in Dir begegnete mir die frischeste und kräftigste Empfänglichkeit. Der Umstand, dass Du mir beim Vorlesen so zuhörtest, wie noch niemand vor Dir, kann an und für sich geringfügig erscheinen und doch ging von ihm meine Liebe aus.«*

Als nach monatelangem Briefwechsel im April 1839 im Hause der Großmutter in Halle die Verlobung gefeiert wurde, hatte der Bräutigam noch immer nicht den Mut aufbringen können, der Gräfin die beabsichtigte Heirat zu gestehen. Erst als sie von anderen davon hörte und er seinen Verrat zugeben musste, wurde ihm deutlich, wie schwer ihm der Abschied von ihr fiel. Die Schmerzen, die er Elisa zufügte, glaubte er genauso wenig wie die endgültige Trennung von ihr ertragen zu können und verfiel deshalb auf den rettenden Gedanken, ihr vorzuschlagen, dem künftigen Ehepaar eine mütterliche Freundin zu sein. Marianne verordnete er als *»sittliche Pflicht«*, keine Eifersucht zu empfinden, sondern Elisa genauso zu ehren wie er. *»Denn ich weiß recht wohl, was ich an der Gräfin verliere. Mit allen meinen Erinnerungen ist sie verwachsen, überall wird sie mir anfangs fehlen. Ihr Schicksal geht mir nahe, als sähe ich meine Mutter foltern. Eine Wehmuth wird mich noch oft ergreifen, vielleicht zuweilen ein ungeheurer Schmerz, und nicht eher werde ich ganz glücklich an Deiner Seite sein, als bis sie, versöhnt, gefasst, mir, Dir und unserem Hause als Freundin angehören wird.«*

Die Gräfin aber entschloss sich, das Verhältnis zu lösen, und auch seiner Bitte, doch wenigstens in seiner Nähe zu bleiben, kam sie nicht nach. Johanna Dieffenbach, eine langjährige Freundin, schlug ihr vor, den Trennungsschmerz durch eine Italienreise erträglicher werden zu lassen. Sie kam selbst nach Düsseldorf und holte sie ab. Mitte August 1839 konn-

te Immermann seiner Braut ausführlich darüber berichten, wie der letzte Tag mit der Gräfin verlaufen
war. Tränenreich hatte sie von Haus und Garten Abschied genommen. Sie hatte Immermann noch er-
mahnt, für die Zukunft des Dienstpersonals zu sorgen. Er hatte sie nach Köln begleitet, wo zu Schiff
ihre Reise nach Süden begann. Im gleichen Brief
wurde der Braut auch noch angekündigt, dass ihr
Liebster noch oft in ihren Armen *»um die Gräfin
weinen«* werde. *»Du hast eine schwere Aufgabe, armes
Mädchen, stelle sie Dir nicht leicht vor! Geduld soll
mir gewiss nicht fehlen, in Dir Licht und Klarheit zu
erhalten. Höre aber einen Rath, den ich Dir in heiliger
Sorge um unser Geschick gebe: Rühre nie die Gräfin
an. Sie muss uns ein heiliges Haupt seyn!«*

Acht Wochen später richtete die Großmutter in
Halle die Hochzeit aus. Danach konnte Immermann
sich nun endlich, wie er an Tieck schrieb, als soli-
der *»Mensch und Bürger«* fühlen. Auf der Hochzeitsreise, die nach Dresden und Weimar führte, konnte
der stolze Ehemann seine junge Frau vom alten Tieck
und den Größen des Weimarer Hofes bewundern
lassen. In Düsseldorf aber konnte das junge Paar sein
Glück nicht lange genießen, denn nachdem Marianne
am 12. August des folgenden Jahres ihre Tochter Caroline geboren hatte, starb Immermann am 25. August an einer Lungenentzündung.

Die junge Witwe, die sieben Jahre später einen
weitläufigen Verwandten, den Direktor der Berlin-
Hamburger Eisenbahn Julius Guido Wolff heiratete,

Immermanns Totenmaske.
Foto von W. Hess, um 1920.

hat sich im Sinne ihres verstorbenen Mannes brieflich lange um ein gutes Verhältnis zur Gräfin bemüht. Als sie aber von ihrem Tode hörte, wurde in
Briefen an Karl Schnaase deutlich, dass sie in ihr
doch vor allem die große Sünderin sah. Ihr, der recht-
mäßigen Gattin, gegenüber sei die Gräfin als die
gütig Verzeihende aufgetreten, nie aber habe sie einsehen wollen, dass die Schmerzen, die sie hatte ertragen müssen, nur die gerechte *»Sühne«* für die *»eigne
Schuld«* gewesen seien. Vor allem aber wollte Marianne von Schnaase erfahren, was aus dem Nachlass der
Gräfin geworden sei. *»Ich fühle mich nicht sicher, ob
sie nicht Papiere oder Briefe von Immermann verwahrt
hat, die ich sehr schmerzlich in fremden Händen wüss-
te. In früheren, wilden Stunden hat sie gedroht, alle*

seine Briefe drucken zu lassen. Es wäre hart, wenn sie noch vorhanden, wenn sie in rohe Hände kämen. Versuchen Sie, wenn es möglich ist, etwas zu erfahren, und suchen Sie zu erhalten, was von Immermann vorhanden. Sollten es Briefe sein, so verbrennen Sie sie ohne Prüfung, ich möchte sie nicht sehen.«

Immermanns Gebot, die Gräfin immer heilig zu halten, verlor bei Marianne vollends an Wirkung, als 1857 Ludmilla Assing ihre Biographie der Gräfin veröffentlichte, die diese nach Mariannes Meinung unstatthaft idealisierte und über sie selbst beleidigende Mutmaßungen enthielt. So wollte die Biographin zum Beispiel wissen, dass Immermann sich auf der Hochzeitsreise nach Elise zurückgesehnt habe, weil seine junge Frau deren Kunstverständnis vermissen

Marianne Wolff, verw. Immermann, geb. Niemeyer, 1848.
Künstler unbekannt.

ließ. *»Am Abend seiner Ankunft«* in Weimar, so heißt es bei Ludmilla Assing, *»wurde er im Theater mit einer Aufführung seiner Ghismonda bewillkommnet; seine junge Frau wohnte neben ihm der Vorstellung bei. Da ergriff ihn das Gefühl des ungeheuren Abstandes zwischen jetzt und ehemals; er musste sich vorstellen, welchen warmen Antheil Elisa an der Darstellung dieser seiner Dichtung genommen haben würde, ihm fehlte überall ihr feines Eingehen, ihr tiefes Verständnis seines innersten Lebens. … Bei einem Aufenthalt in Dresden ging es nicht anders. Als Marianne morgens in der Galerie sich für die Bilder nicht so lebhaft interessierte, als er erwartet hatte, als sie abends bei einer Tieckschen Vorlesung ermüdete, rief er schmerzlich, solche Gleichgültigkeit wäre bei Elisen unmöglich gewesen!«*

Um solche und ähnliche Passagen richtigzustellen, entschloss sich nun die beleidigte Witwe, das *»Bild des geliebten Mannes«* von den ihn *»entstellenden Lügen«* dadurch zu reinigen, dass sie selbst ein Buch über ihn schrieb. Da sie aber ihren Fähigkeiten nicht so recht traute, versicherte sie sich dazu der Hilfe eines schriftstellernden Jugendfreundes, der Gustav zu Putlitz hieß und, wie im nächsten Kapitel berichtet werden wird, als junger Autor im Berliner Salon der Gräfin häufig zu Gast gewesen war. Ihm und dem Kunsthistoriker Karl Schnaase, den Marianne als kritischen Lektor gewinnen konnte, ist es wahrscheinlich zu danken, dass das Bild der Gräfin in dieser ersten Immermann-Biographie nicht gar zu schwarz geraten ist.

Da Marianne Wolff, verwitwete Immermann, geborene Niemeyer, sich als Verfasserin aufzutreten scheute, ließ sie Gustav zu Putlitz als Herausgeber zeichnen, unter dessen Namen das Buch auch immer zitiert wird, obwohl sein Anteil daran unklar ist. Unter dem Titel: »Karl Immermann. Sein Leben und seine Werke, aus Tagebüchern und Briefen an seine Familie zusammengestellt. Herausgegeben von Gustav zu Putlitz« erschien das Buch 1870 in zwei Bänden im Berliner Verlag Wilhelm Hertz und diente der vielen in ihm enthaltenen Briefe und Tagebuchblätter wegen jahrzehntelang der Immermannforschung als Standardwerk. Jeder, der über Immermann schrieb, musste aus »dem Putlitz« zitieren, ohne zu wissen, ob das Zitat nicht vielleicht das der Witwe war. Im Vorwort bezeichnet sich Putlitz nur als Herausgeber und gibt als Verfasser *»eine Hand aus dem Kreise der Verwandtschaft«* an. Diese habe die *»Feder«* anfangs sicher führen können, bis am Ende *»eigne Empfindungen und Erlebnisse ihr die Objektivität zu rauben drohten«*, dann habe sie nur das Material geliefert und ein anderer habe das Werk vollendet. Ob aber nun Putlitz dieser andere war, sagt er nicht.

Die Gräfin von Ahlefeldt kommt auf diesen etwa 700 Seiten nur selten vor. Sie persönlich zu verunglimpfen, hat die Witwe zwar vermieden, ihr vielmehr eine *»anmuthige äußere Erscheinung«* und reiche *»Gaben des Geistes und des Gemüths«* bescheinigt, sie aber zum bösen Prinzip im Leben des Dichters stilisiert. Seine Bindung an sie, die sein Leben *»ver-dunkelte«*, wird als *»unheilvoll«* und *»verhängnisvoll«* bezeichnet, und das sündhafte Zusammenleben der beiden ist der Gräfin mehr als ihm vorzuwerfen, weil sie die Ältere war und *»das Weib die natürliche Schirmerin der Sitte«* sei. Sie verkörpere die amoralische Romantik, die Immermann in seinen Werken schon überwunden hatte, als ihm das schließlich auch als Mensch durch seine Heirat gelang.

Der Berliner Salon

Mit den Worten *»Welch ein Labsal für die Hei-
mathlose!«* endet der umfangreiche Reisebericht der Gräfin, der sich dank Ludmilla Assing in der
Sammlung Varnhagen handschriftlich bis heute erhalten hat. Ihre von Johanna Dieffenbach angeregte
und gemeinsam mit ihr unternommene Italienreise,
die im August 1839 mit der Dampfschifffahrt auf dem
Rhein begonnen hatte, war am 24. Dezember mit der
Ankunft in Potsdam zum Abschluss gekommen, und
die Herzlichkeit, mit der sie dort von Albert Solger,
dem Sohn des Philosophen, empfangen wurde, war
ihr Anlass für die Schlussworte ihrer Reisebeschrei-
bung gewesen. Ein weiteres Wort der Klage über ihre
Heimatlosigkeit enthält der Reisebericht nicht.

Johanna Charlotte Dieffenbach, die auf der Reise
mit Elisa vereinbart hatte, fortan in Berlin mit ihr
zusammenzuleben, war fünf Jahre älter als sie. Als
Tochter eines Handwerkers namens Thielheim oder
Thillheim war sie 1783 in Königsberg geboren worden, hatte 1806 dort den sieben Jahre älteren Arzt
William Motherby geheiratet, ihm zwei Kinder gebo-

ren und sich in die wohlhabenden Verhältnisse ihres Mannes, der einer deutsch-englischen Kaufmannsfamilie entstammte, mit Geschick eingewöhnt. Das von ihr geführte Haus wurde zum Treffpunkt der geistigen Elite und erlangte eine besondere Bedeutung, als die Stadt nach dem verlorenen Kriege kurzzeitig zur Residenz Preußens geworden war. Als sich Wilhelm von Humboldt, den man als Bildungsreformer in die Regierung berufen hatte, im April 1809 von Rom kommend, im kalten Königsberg unwohl fühlte, fand er oft im Hause Motherby Zuflucht, wo ihn bald eine leidenschaftliche Affäre mit der Dame des Hauses verband. In einem Brief an seine damals noch in Rom lebende Frau Caroline hat er die *»Doktorin«* als *»klein, sehr klug und gut, aber gar nicht hübsch, eigentlich hässlich«* geschildert, was von anderen Zeitgenossen bestätigt wird. Beim Lesen des *»Tasso«* mit verteilten Rollen waren sich Frau Motherby und Humboldt nähergekommen, so wie es später in Münster Frau von Lützow und Immermann mit derselben Dichtung erging.

Der heimliche Briefwechsel, der auf Humboldts Abreise folgte, wurde 1813 beendet, als die Arztgattin einer neuen männlichen Versuchung erlag. Ernst Moritz Arndt, der nach dem Einfall Napoleons in Russland dem Freiherrn vom Stein zum Zaren gefolgt war und nun mit den russischen Truppen zusammen nach Deutschland zurückkehrte, hatte neben der Gabe, populäre Kriegslieder zu dichten und in predigtartiger Prosa den französischen Kaiser zum

Johanna Motherby. Künstler unbekannt.

Teufel zu wünschen, auch eine liebeshungrige Seele, die bei Johanna auf eine gleichgerichtete traf. Sechs Wochen waren den Liebenden nur beschieden, dann musste Arndt weiter nach Schlesien und Sachsen, wo er in Ruhepausen sehnsüchtig-sinnliche Briefe an seine kleine, korpulente, schwarzlockige Liebste schrieb. Da er Witwer war und von neuem Eheglück träumte, wäre dieser Liebe vielleicht eine längere Dauer beschieden gewesen, hätten nicht die kriegerischen Zeiten und die weiten Entfernungen dagegen gewirkt. Zwar ging der Briefwechsel noch einige Zeit weiter, bis sich die sinnenfrohe Johanna in einen elf Jahre jüngeren Kollegen ihres Mannes verliebte und sich Arndt schließlich 1817 für eine andere, nämlich für die stille und fromme Halbschwester Schleiermachers, entschied. Johanna wurde 1822 von

Motherby geschieden und heiratete zwei Jahre später ihren Chirurgen, der Johann Friedrich Dieffenbach hieß. Da ihr neuer Gatte an die Charité berufen wurde, wo er sich in der Medizingeschichte durch die Begründung der plastischen Chirurgie einen Namen machte, siedelte sie nach Berlin über und behielt dort auch ihren Wohnsitz, nachdem sie 1833 wieder geschieden worden war. Die Professorin, wie man sie auch nach der Scheidung noch nannte, war ihrer Lebhaftigkeit und geistigen Frische wegen in der Berliner Gesellschaft geschätzt. Sie fand auch bald einen jüngeren Mann als Begleiter auf ihren häufigen Reisen, die sie nicht nur in die Bäder und nach Köln zu ihrer dort verheirateten Tochter führten, sondern auch nach Düsseldorf zu ihrer Freundin Elisa. Diese hatte sie schon 1816, als Lützow kurzzeitig in Königsberg stationiert war, kennen und schätzen gelernt.

Als Elisa Immermanns Untreue erkannte, war Johanna ihre einzige Vertraute, die ihr am 18. Dezember 1838 schrieb: »*In dieser Minute habe ich Deinen Brief erhalten, und ich rufe Dir auf der Stelle zu, komm, komm hierher, zu mir, zu mir, Du geliebte Elisa! Für's erste würde Dir die Stille hier auch wohlthun, und weitere Pläne lassen sich hier gemeinschaftlich berathen. Soll ich, soll mein Freund [Philipp] Kaufmann Dich holen kommen? Ein Wort und Du sollst nicht einsam mit schwerem Herzen den Weg hierher machen; denn hierher und nirgends anders gehe zuerst! – Wenn innige, herzliche Freundschaft Trost gewährt, so findest*

Du ihn an meinem Herzen, das mehr als ein anderes Dir nachfühlen kann. Gott hat mir beigestanden, als ich so ganz verzagte, und mir ein ruhigeres Leben geschenkt, als ich's je vorher hatte. Vertraue Du nur, es wird Dir auch nicht fehlen! Ewig Deine Johanna«. Und als Elisa noch zögerte, sich von dem Ungetreuen zu lösen, versicherte ihr die Freundin, die an sich selbst den Schmerz, *»sich getäuscht zu finden«,* erfahren hatte, dass ihre *»Wunde nicht mit Rosenwasser«* geheilt werden könne, sondern einen *»tieferen Schnitt«* erfordere, den sie dann selbst mit ausführte, indem sie Elisa in Düsseldorf abholte und mit ihr nach Italien fuhr.

Im Januar 1840 also bezogen die Freundinnen eine gemeinsame Wohnung auf der Potsdamer Chaussee 39 (heute Potsdamer Straße), nicht weit vom alten Botanischen Garten, auf dessen Gelände später der Kleistpark entstand. Obwohl sie hier außerhalb der Stadt in einer teilweise noch ländlichen Umgebung wohnten, wurde ihr Haus bald zu einem Treffpunkt Berliner Künstler und Schriftsteller, zu denen sich auch einige ehemalige Lützower gesellten, deren Verehrung Elisas trotz ihrer Scheidung von Lützow ungebrochen war. Dass Elisa bald nach ihrer Ankunft in Berlin für den oben schon erwähnten Gedenkstein auf Lützows Grab sorgte, dieses jedes Jahr an seinem Todestag mit einem Kranz schmückte und 1843 zu den Organisatoren von Friesens verspäteter Bestattung gehörte, kann als Zeichen dafür gewertet werden, dass der Geist von 1813, der noch immer den

Ruch des Revolutionären hatte, weiterhin in ihr lebte, weshalb sich in ihrem Salon dann auch besonders zeitkritische junge Autoren einfanden, Varnhagen sie schätzte und dessen Nichte Ludmilla Assing die beste Freundin ihrer letzten Lebensjahre war.

Die Tradition der Berliner Salons, die um die Jahrhundertwende begonnen hatte, war nach 1815 verstärkt weitergeführt worden, und als die bekanntesten Salondamen wie Rahel Varnhagen und Elisabeth Staegemann in den dreißiger Jahren gestorben waren, hatte die neue Generation sie weitergeführt. An die Stelle Elisabeth Staegemanns war ihre Tochter Hedwig von Olfers getreten. Rahel Varnhagen war notdürftig von ihrer Verwandten Henriette Solmar ersetzt worden. Es gab aristokratische Salons, wie der der Gräfin Sophie von Schwerin, zu dem der junge Theodor Fontane Verbindung hatte, und Schriftstellerinnen wie Clara Mundt-Mühlbach und Henriette Paalzow hatten sich neu etabliert. Dass sich unter der Vielzahl der Salons nun auch noch der der beiden Freundinnen behaupten konnte, war wohl anfangs vor allem der Umtriebigkeit der lebhaften Johanna Dieffenbach zu danken, doch wurde recht bald auch die Gräfin ihrer Liebenswürdigkeit und ihrer politisch-kriegerischen Vergangenheit wegen zum Anziehungspunkt.

Feodor Wehl, einer der jungen Autoren, die bei der Gräfin ein Forum für ihre Dichtungen fanden, wurde von Johanna Dieffenbach in den Kreis eingeführt. *»Die Gräfin Ahlefeldt und die Professorin Dief-*

fenbach waren die ersten bedeutenden Frauenerschei-
nungen, die in mein Leben traten, und wenn die erstere
darin von größerem Einflusse und tieferer Wirkung
wurde, so geschah dies nicht nur, weil sie mir länger
blieb und nähertrat, sondern auch weil ihr milder Ernst
und ihre freundliche Würde mir besonders imposant
und zusagend waren. Ich erinnere mich noch sehr
genau, dass ich die Professorin Dieffenbach schon ge-
raume Zeit kannte und doch die Gräfin Ahlefeldt, die
mit ihr in einem Hause und in derselben Etage wohnte,
noch nicht gesehen, sondern immer nur hatte von ihr
reden hören. Die Gräfin Ahlefeldt war der Professorin
Dieffenbach wie der Schatz des heiligen Grals, und
man musste erst viele Proben und Grade der Tüchtig-
keit abgelegt haben, um würdig befunden zu werden,
ihres Umgangs zu genießen. Erst als ich mein erstes
Lustspiel ›Alter schützt vor Torheit nicht‹ geschrieben
und bei Johanna Dieffenbach gelesen, ward mir gewis-
sermaßen zur Belohnung die Bekanntschaft der Gräfin
Ahlefeldt versprochen. Und nie werde ich die Feierlich-
keit vergessen, mit der mich Johanna Dieffenbach zu
ihr führte. Ach, es war die höchste und letzte Liebe, die
sie mir erwies, denn bald nachher starb sie, ebenso in
Eil und Hast als sie gelebt hatte. Sie war der größte
Kontrast, den es der Gräfin Ahlefeldt gegenüber geben
konnte. Nicht nur dass sie klein, korpulent und hässlich,
nein, auch ungeheuer beweglich und immer fieberhaft
war sie. Aber sie hatte eine unendliche Fülle von Geist
und Liebenswürdigkeit, einen unerschöpflichen Fonds
von Gutmütigkeit und begeisterter Hingabe an alles

Schöne und Gute. Beide Frauen ergänzten sich, und zwar in einer Weise, wie es schwerlich so bald wieder der Fall sein wird.«

Nach dem Tod Johanna Dieffenbachs 1842 wurde Feodor Wehl, der eigentlich Feodor zu Wehlen hieß und später ein erfolgreicher Lustspieldichter werden sollte, im Salon der Gräfin ein ständiger Gast. Er war 1821 als Sohn eines schlesischen Gutsbesitzers geboren und vom Vater zu einer militärischen Laufbahn bestimmt worden, doch hatte ihn als Fähnrich in Neuruppin ein Sturz vom Pferde, der seine Wirbelsäule beschädigte, davor bewahrt. Seiner Neigung zur Literatur und zum Theater folgend, studierte er in Berlin, ohne einen Abschluss zu machen, schrieb kleine Satiren, die er in seiner kurzlebigen Zeitschrift »Berliner Stecknadeln« veröffentlichte, und arbeitete auch an den länger existierenden »Berliner Wespen« mit. Im Salon der Gräfin wurde ihm ein Forum geboten, vor dem er die Wirkung seiner Satiren und Lustspiele erproben konnte. Hier lernte er auch bedeutende Leute der Literaturszene kennen, und die Gräfin war um sein weiteres Fortkommen bemüht. In einem der wenigen uns erhalten gebliebenen Briefe der Gräfin empfiehlt sie ihn dem Herausgeber der »Humoristischen Blätter« Theodor Kobbe, den sie durch Immermann kannte und schon öfter mit Empfehlungen ihrer Schützlinge belästigt hatte, weshalb ihr Brief vom 6. März 1844 auch das *»alte italienische Sprichwort: Alte Weiber, Pfaffen und Hühner haben nie genug«* als Motto trägt.

Nachdem Wehl 1845 in seiner frechen, aber auch platten Faust-Travestie »Der Teufel in Berlin« die Polizei und die Zensur verspottet hatte, wurde die schmale Satire polizeilich beschlagnahmt und ihr Autor zu sechs Monaten Freiheitsentzug verurteilt, die er auf der Festung Magdeburg absitzen musste, und danach durfte er Berlin nicht mehr betreten, weshalb er 1847 nach Hamburg ging. Durch Ludmilla Assing, die häufig bei ihren Verwandten in Hamburg ihren Urlaub verbrachte und ihn bei seiner Arbeit für Gutzkows »Telegraph für Deutschland« und seiner Wochenschrift »Die Jahreszeiten« unterstützte, blieb die Verbindung mit der Gräfin, der er sein Leben lang dankbar war, noch lange bestehen.

Wehl war es auch, der nach dem Tode der Gräfin in besonderem Maße ihr Andenken in Ehren hielt. Nach ihm hatte es *»nie eine Frau gegeben, die würdiger war, das Ideal eines Dichters oder Künstlers zu sein. Ihre hellen, schönen, blauen Augen, auch im Alter noch seelenvoll und tief, ihre hohe, schlanke, immer und bis zum Tode jugendlich anmuthige Gestalt, ... das stumme, nie laut werdende Lächeln ihres Mundes, der sonst an sich das wenigste Schönste an ihr war, ihre Milde, Güte, Resignation erschienen wahrhaft bezaubernd.«* Er pries ihren von *»Überhebung und Unterordnung«* gleich weit entfernten Umgang mit Menschen jeden Standes, ihre *»Kunst des Zuhörens«* und ihr Geschick, mit dem sie die Gespräche in ihrem Salon nie schal werden ließ. *»Sie sprach in ihren Gesellschaften nur wenig, aber doch immer und jeder Zeit,*

wo es nöthig war. Ihre fein organisierte Seele besaß jene
Springwurzel des Geistes, mit der sie alle verborgenen
Schätze einer Menschenbrust nicht nur für sich ent-
decken, sondern auch für die gesellschaftliche Conver-
sation in Cirkulation zu setzen verstand.«

Wie die Hilfe beschaffen war, die die jungen Autoren von der Gräfin erfuhren, beschreibt in seinen
Erinnerungen auch Gustav zu Putlitz, der bei aller
Dankbarkeit für sie doch auch ein wenig Kritik mit
einfließen ließ. Der aus einer bekannten Adelsfamilie
der Prignitz stammende Autor, dessen vollständiger
Name Gustav Heinrich Gans Edler zu Putlitz lautete,
war ebenjener, unter dessen Namen später das oben
erwähnte Buch über Immermann erschienen ist. Er
war in Magdeburg ein Schüler von Immermanns
jüngerem Bruder Ferdinand gewesen, war bei diesem
auch mit Marianne Niemeyer bekannt geworden, mit
der ihn eine lebenslange Freundschaft verband. Marianne hatte ihn dann später wohl auch an die Gräfin
verwiesen, als sein erster Versuch, sich als Lustspieldichter bekannt zu machen, erfolglos geblieben war.
Von ihr ließ er sich schon bei den ersten Entwürfen
seiner Stücke beraten und las ihr später *»mit freudig*
erregtem Herzen« seine Ausarbeitungen vor. *»So wur-*
de mein erstes Stück fertig. Gräfin Ahlefeldt war zu-
friedener damit als ich, aber wir beide träumten einen
sicheren Erfolg.« Diese wunderbare Frau, heißt es in
seinen Erinnerungen weiter, *»hatte bei fast mangeln-*
der kritischer Klarheit eine romantisch warme Emp-
fänglichkeit für alle poetische Production, der sie den

glücklichsten Ausdruck zu geben vermochte. Sie wusste vielleicht nicht das Bedeutende vom Unbedeutenden zu scheiden, aber das Werdende gab ihr die Erregung, das fieberhafte Doppelleben, in das den Dichter nur die glücklichsten Stunden der Production versetzen. Sie sehnte sich nach diesen Erregungen, die ihr verloren gegangen waren, seit sie sich von Karl Immermann getrennt hatte, und diese Sehnsucht ihrer mitschaffenden Natur erklärt vielleicht am edelsten ihr wunderbares Verhältnis zu dem Dichter. An einer poetischen Production Theil zu nehmen, das Aufjubeln des Gelingens, die Wehmuth des Verzagtseins mitzuleben, das war das Element, in dem sich ihr ganzes Wesen am liebenswürdigsten entfaltete, wie eine festverschlossene Blüthe (und sie war eine verschlossene, verschleierte Natur) sich plötzlich erschließt, wenn das Licht sie berührt, die Wärme, deren sie bedarf.« Auch in seinen Briefen an Marianne weiß er einerseits die Gräfin für ihr Verständnis für seine literarischen Probleme zu rühmen, beklagt sich andererseits aber auch über ihre Unnahbarkeit. Bei aller Liebenswürdigkeit sei sie »*wie von einer Mauer umgeben*«, trotz des »*unbegreiflichen Zaubers*«, den sie ausübe, bleibe sie ein »*Rätsel*« für jedermann.

Zu den vielen Besuchern der Gräfin, zu denen unter anderen Adolph Stahr, Theodor Mundt, Heinrich Laube, Therese von Bacheracht, Fanny Tarnow und Julius Rodenberg gehörten, zählte auch Fanny Lewald, die ihr im dritten Band ihrer Autobiographie ein Kapitel gewidmet hat. Die aus Königsberg stam-

mende jüdische Autorin, die in ihren lehrhaft trock-
nen Romanen die mangelnde Gleichberechtigung
der Frauen und der Juden beklagte, versuchte zwar,
sich von der oft gerühmten Erscheinung der Gräfin
nicht blenden zu lassen, war dann aber doch letzten
Endes von ihr entzückt. »*Sie war keine jener gewöhnlichen Erscheinungen, die uns eben deshalb vertraut
sind; sie hatte auch nicht die Harmonie der Schönheit,
welche beruhigt, weil sie nichts zu wünschen übrig
lässt. ... Sie konnte, obschon man das Gegenteil be-
hauptet hat, sogar niemals schön gewesen sein, aber
ihre Züge waren bis auf den Mund sehr fein und hatten
wie ihr Mienenspiel und ihre ganze Gestalt etwas
Durchgeistetes, das in der seelenvollen Stimme und der
äußerst angenehmen Redeweise der Gräfin, in deren
Munde der holsteinische Dialekt noch an Reinheit zu
gewinnen schien, seinen völligen Abschluss fand. –
Während sie am Theetisch mit sicherer Leichtigkeit
die Wirthin machte und die Unterhaltung unmerklich
anzuregen und in Gang zu erhalten wusste, wurde es
einem wohl zu Muthe wie an einem jener schönen klaren Septembertage, welche bei aller Leichtigkeit der
Luft noch die volle Wärme des Sommers und neben den
reifen Früchten des Herbstes auch noch die schimmern-
de Farbenpracht duftiger Blumen in sich bewahren und
vereinen. Es stimmte alles zusammen: die hübschen
Zimmer, die Kunstwerke, die Ölbilder, die Gipsbüsten,
die Porträts und die Kupferstiche, welche die Wände
bedeckten, die Geräthe des Theetisches, die bescheidene
und doch gewählte Kleidung der Hausfrau, ja, selbst*

die Haltung der Gäste, deren verschiedene Charaktere und Denkweisen sich hier, wie die verschiedenen Instrumente eines Orchesters unter der Leitung eines geschickten Dirigenten zu einer bestimmten Tonart und zu einem gemessenen Takte bequemen mussten.« Dass allein sie es war, die das alles lenkte, merkte man kaum.

»Eigentlich geistreich« sei die Gräfin nicht gewesen, schreibt Fanny Lewald weiter, sie habe aber ihren klaren Verstand und ihre ausgezeichnete Menschenkenntnis mit einer Feinfühligkeit verbinden können, die sie dazu befähigte, ohne viel Worte Lenkerin der Gespräche zu sein. *»Sie besaß die Kunst, anregend zu fragen und mit liebevoller Theilnahme zuzuhören«*, und da sie die Stärken und Schwächen eines jeden rasch erkannte und durch ihre Kritik nie kränkte, sondern ermutigte, hing *»jeder Einzelne mit der dankbarsten Verehrung an ihr«.* Um diese unkritische Verehrung nicht mitzumachen, sah Fanny Lewald die Ausstrahlung der Gräfin in einem *»verfeinerten Egoismus«* begründet, der sie ihr Glück nur im Beglücken anderer finden ließ. Sie sah sie als eine *»Aristokratin des Herzens«*, die andere durch Güte von sich abhängig machte, während sie selbst die Freiheit, nach ihrem eignen Sittengesetz zu leben, behielt.

Von solchen spitzfindigen Versuchen, die Wirkung Elisas erklären zu wollen, war Ludmilla Assing ganz frei. Ihr Verhältnis zur Gräfin war das der reinen Liebe und Verehrung. Ihre Biographie der Gräfin verrät das genauso wie die vielen Briefe, die sie ihr von 1846 bis 1855 schrieb. Abgesehen von Reisezeiten, traf sie mehrmals in der Woche mit der Gräfin zusammen, und in ihrem Salon war sie ein ständiger Gast. Sie begleitete sie bei Besuchen in anderen Häusern, bei Spaziergängen im Tiergarten und bei Ausflügen in die Umgebung, zum Beispiel nach Tegel, und wenn die Gräfin im Sommer nach Karlsbad reiste oder Ludmilla ihre Verwandten in Hamburg besuchte, riss die briefliche Verbindung zwischen den beiden nicht ab. Ludmillas Onkel Varnhagen, bei dem sie wohnte und den sie bei der Arbeit an seiner Autographensammlung unterstützte, bezeichnete die Gräfin immer als die Freundin seiner Nichte, in Wahrheit aber war die alte Dame für die Fünfundzwanzig- bis Fünfunddreißigjährige, die früh den Vater und die geliebte Mutter verloren hatte, wohl mehr eine Ersatzmutter, bei der sie Rat finden konnte und deren Zuneigung sie stets sicher war.

Das Milieu von Schöngeistern und Intellektuellen, das Ludmilla nie verlassen sollte, hatte schon ihre Kindheit geprägt. Ihre Mutter Rosa Maria, geborene Varnhagen, die den aus Königsberg stammenden jüdischen, zum Christentum übergetretenen Arzt David Assing geheiratet hatte, war mit Adelbert von Chamisso befreundet gewesen, hatte selbst Gedichte und einen Roman geschrieben und in ihrem Hause in Hamburg berühmte Autoren wie Heinrich Heine, Friedrich Hebbel und Karl Gutzkow zu Gast gehabt. Sie war 1840 gestorben, und ihr ebenfalls dichtender Gatte war ihr 1842 ins Grab gefolgt. Ludmilla, gebo-

Ludmilla Assing. Selbstbildnis.
Pastellgemälde, 1853.

ren 1821, und ihre zwei Jahre ältere Schwester Ottilie, die Friedrich Hebbel als *»gebildete, aber affektierte«* junge Mädchen erlebt hatte, waren von ihrem Berliner Onkel Varnhagen aufgenommen worden, der in seinem Haus in der Mauerstraße 36 (nahe der Einmündung in die Französische Straße) nach dem Tod seiner Gemahlin Rahel mit der Herausgabe von deren Briefen und der Erweiterung seiner Autographensammlung beschäftigt war. Während Ottilie nach Streitereien mit dem Onkel wieder nach Hamburg zurückkehrte und nach Verlust ihres Vermögens, das sie in eine Theatergründung gesteckt hatte, in die USA auswanderte, wo sie als Journalistin für die Abschaffung der Sklaverei wirkte, blieb Ludmilla dem Onkel als Hausherrin, Reisebegleiterin und archivarische Hilfskraft erhalten und begann um 1848 herum auch als kritische Journalistin zu wirken, die bald auch Anfeindungen der »Kreuzzeitung« ausgesetzt war.

Da die Gräfin ihre gemeinsam mit Johanna Dieffenbach bewohnte Behausung 1846 gegen eine stadtnähere am östlichen Rande des Tiergartens vertauscht hatte, war der Weg zu ihr für Ludmilla nicht mehr so weit. Die neue Wohnung in der Schulgartenstraße 1a, zwischen dem Brandenburger und dem Potsdamer Tor gelegen, hatte sonnenhelle Räume und einen Balkon, von dem aus man in das Grün des Tiergartens sah. Dem Zeitgeschmack entsprechend bedeckten zahlreiche Gemälde, Medaillons und Kupferstiche die Zimmerwände, zwischen Gummibäumen und Schlingpflanzen standen Büsten und Statuetten, und auf den Tischen waren literarische Neuerscheinungen einzusehen. Den Schreibtisch der Gräfin aber schmückten kleine Bilder von Friesen und Solger, und an der Wand hing das Porträt ihres ehemaligen Mannes, mit dem den Besuchern bedeutet wurde, dass in diesen Räumen das Andenken an den Aufbruch von 1813 mit seiner Utopie vom freien und geeinten Deutschland noch lebendig war. Lützow sei ihr immer *»ein treuer Freund geblieben«*, soll die Gräfin nach Ludmilla Assing gesagt haben, die Trennung voneinander hätten sie beide nachträglich bereut.

Unter den jungen Autoren, die bei der Gräfin verkehrten, waren neben Ludmilla Assing auch noch andere Sympathisanten der Revolution zu finden, doch lässt sich daraus nicht schließen, dass auch die Gräfin zu diesen gehörte; denn ihr waren Kunst und Literatur immer wichtiger als das Politische, was von den Jungen auch respektiert worden ist. In ihren Briefen an die Gräfin macht Ludmilla Assing nie den Versuch, sie für ihre demokratischen und frauenrechtlichen Ziele zu gewinnen, und auch in ihrer Biographie der Gräfin liegt ihr jede politische Vereinnahmung der Hochverehrten fern. Sie hebt vielmehr hervor, dass Elisa 1848, als »*so viele Menschen sich wegen Meinungsverschiedenheiten entzweiten*«, aufgrund ihrer toleranten Haltung keinen ihrer Freunde und Besucher verloren hat. »*Sie war ihrem ganzen Wesen nach freisinnig, ließ aber auch andere Ansichten gelten, sofern man sie ihr nur nicht mit Gewalt aufdringen wollte.*« In dem »*politischen Gezänke*« der Zeit um 1848 schien ihr der Sinn für Poesie und Kunst verlorenzugehen. Als im Sommer 1849 die Revolutionsfolgen und die Reiselust der Berliner ihren Salon zeitweilig geleert hatten, feierte sie in ihren mit Blumen und Kerzen geschmückten Räumen am 28. August ganz für sich allein Goethes hundertsten Geburtstag, indem sie wieder die »Iphigenie« las.

Der »*stillen Sonntäglichkeit*«, die Feodor Wehl im Wesen der Gräfin bemerkt haben wollte, trugen auch die Briefe Rechnung, die Ludmilla Assing in ihrer schönen, lesbaren, an der ihres Onkels geschulten Schrift an sie richtete und die nichts davon merken lassen, dass in den Tagebüchern der journalistischen Anfängerin schon viel Regimekritisches stand. Mit

Ludmillas politischen Ambitionen wurde die Gräfin also wenig behelligt, wohl aber mit den Sorgen, die Ludmilla (die nach einem Brief von Klara Mundt-Mühlbach von den Freunden *»Ludchen«* genannt wurde) zeitlebens mit Männern hatte, denen wohl weder ihr Äußeres noch ihr Intellekt reizvoll erschien. Zu Lebzeiten der Gräfin war es wohl besonders Feodor Wehl, der sie immer wieder enttäuschte, weil er in ihr nur die gute Freundin und hilfreiche Kollegin sah. Auch die Ratschläge, die ihr die Gräfin in dieser Hinsicht erteilte, halfen ihr nicht.

Feodor Wehl, der Ludmilla immer als befreundete Kollegin, aber nicht als Frau zu schätzen vermochte, hat die Probleme, die sich dadurch für beide ergaben, in seinen Erinnerungen zu schildern versucht. So musste Ludmilla sich bei ihm zum Beispiel darüber beklagen, dass er sich in Anwesenheit anderer Personen immer zu einer Distanzierung von ihr veranlasst fühlte, um nur nicht in den Verdacht zu geraten, in einem intimen Verhältnis zu ihr zu stehen. Denn mit seinen eignen Worten hatte *»sie wenig von dem, was ein Weib reizend macht. Sie war klein von Gestalt und mager, hatte einen großen Mund und kleine, wenn auch sehr lebhafte Augen, eine gewöhnliche Stirn und ein spitzes Kinn. Die Anmuthsgöttinnen hatten jedenfalls nicht bei ihr zu Pathen gestanden. Sie war, ohne irgendwie hässlich zu sein, doch ohne jede körperliche Schönheit, aber geistig sehr hervorragend: immer angeregt und belebt, voll trefflicher Gedanken und schlagender Einfälle. Sich mit ihr mündlich oder schriftlich* *zu unterhalten, ist immer ein wahrhafter und lohnender Genuss gewesen.«* Und als Beispiel dafür bringt er Auszüge ihrer Briefe, in denen sie scharfsinnig über Leseerlebnisse urteilt, von Ausflügen mit der Gräfin Ahlefeldt berichtet oder ihm Anekdoten von anderen bekannten Personen erzählt. Man erfährt vom alten General Pfuel, der einst Heinrich von Kleist zum Freunde hatte, vom mondänen, aber armen Alexander von Sternberg, der über seinen königstreuen Roman »Royalisten«, den er nur des Geldes wegen geschrieben hatte, abfälliger urteilt als jeder Kritiker, und am meisten über die greise Bettina von Arnim, die fast täglich bei Varnhagen auftaucht und ihn mit ihrer liebenswürdigen und erfindungsreichen Lebhaftigkeit nervt. So erzählt sie zum Beispiel, dass Beethoven sie habe heiraten wollen, sie aber zu dumm gewesen sei, um das zu merken, sie aber heute, obwohl sie mit Achim von Arnim den schöneren Mann bekommen habe, doch annehme, sie hätte auch die Heirat mit Beethoven nicht bereut. Bei Gesprächen über das Nachlassen der Gedächtnisleistung im Alter sagte sie, in ihren hessischen Dialekt verfallend, sie könne zwar nur noch wenig behalten, aber noch viel erfinden, und in einem Gespräch über den Tod verblüffte sie, die Älteste der Runde, mit der Behauptung, dass sie selbst jung sterben müsse, wisse sie genau.

Es dauerte einige Jahre, bis Wehl und Ludmilla einen *»aufrichtigen und echten Freundschaftsbund«* schließen konnten, *»wie er zwischen Mann und Weib* *wohl nur selten vorkommen mag«.* Obwohl Wehl immer für eine konstitutionelle Monarchie plädierte, Ludmilla aber republikanisch dachte, waren sich beide über das Streben nach *»freieren und menschenwürdigeren Staatszuständen«* einig, so dass das gute Verhältnis der beiden als *»alte Kameraden und literarische Geschwister«* auch noch andauern konnte, als Ludmilla nach dem Tode Varnhagens durch die Veröffentlichung seiner *»Denkwürdigkeiten«* und seines Briefwechsels mit Alexander von Humboldt zu zwei Jahren Gefängnis verurteilt wurde, die Haft aber nicht anzutreten brauchte, weil sie in Italien war und dort bis zu ihrem Tode blieb.

Vergeblich blieb auch ihr vorsichtiges Werben um Gottfried Keller, dem zwar der Briefwechsel mit dem intelligenten Fräulein über literarische Fragen behagte, nicht aber ihre persönliche Gegenwart. Er hatte sich von 1850 bis 1855 in Berlin aufgehalten und war häufig Gast im Hause Varnhagen gewesen, wo er Ludmilla bei den dortigen *»Kaffeekränzchen«* begegnet war. *»Die Nichte Ludmilla hat sich höllisch für mich erklärt und mich, da sie in Pastell malt, schon abkonterfeiet«,* schrieb er im Mai 1854 an Hermann Hettner, war aber nicht gewillt, ihr entgegenzukommen, da er gerade an einer aussichtslosen Liebe zu einer anderen, schöneren Frau litt. Erst als er ein Jahr nach seiner Rückkehr nach Zürich den ersten Band seiner *»Leute von Seldwyla«* ohne Begleitbrief an Ludmilla geschickt und von ihr als Antwort ihre lobende Rezension dieses Buches erhalten hatte, be-

gann ein Briefwechsel, der sich von Pausen unterbro-
chen über mehr als zwanzig Jahre erstreckte, aber bei
aller Freundlichkeit doch distanziert blieb. Als Ludmilla 1857 mit der Biographie der Gräfin Elisa ihr
erstes Buch veröffentlichen konnte, erhielt selbstverständlich auch Keller ein Exemplar. *»Das Buch, welches diese Zeilen begleiten«*, schrieb sie ihm, *»bitte ich
freundlich aufzunehmen; es würde mir zur besonderen
Freude gereichen, wenn es Sie etwas zu interessieren
vermöchte. Die ausgezeichnete Frau, deren Leben es
enthält, war mir persönlich sehr lieb und theuer, und
nachdem ich sie verloren hatte und mich in der Erinnerung so recht lebhaft in ihr eigenthümliches Wesen, in
ihre ungewöhnlichen Schicksale versenkte, da erschien
es mir wie eine Pflicht der Freundschaft in dieser nur
gar zu schnell vergessenden Zeit ihr Andenken zu
bewahren und zu ehren, wie sie es verdient. So entstand
diese Biographie. Ich habe beim Schreiben glückliche
Stunden voll Erregung und Begeisterung verlebt; es
war mir dabei als wenn die verstorbene Freundin noch
einmal wieder auflebte und beständig mit mir verkehr-
te; ich sah sie nicht nur im Alter, wie in der Wirklichkeit, sondern auch im vollen Jugendglanz, ich teilte mit
ihr ihre ganze Existenz, ich hörte ihre Stimme, ich sah
ihre Augen wenn ich einschlief und wenn ich aufwachte.
Möchte es mir nun auch gelungen sein, andern eine
Vorstellung ihres Lebens und Seins zu geben!«*

Keller, der die Gräfin persönlich nie kennengelernt
hatte, las das Buch noch am selben Tage, erfreute die
Autorin mit Lobesworten, übte aber auch Kritik. Er

Gottfried Keller.
Pastellgemälde von Ludmilla Assing, 1854.

stellte fest, dass Ludmilla mit dem Schreiben von
Biographien in die *»Fußtapfen«* ihres Onkels trete,
vermisste an ihr aber Varnhagens *»künstlerisch-männ-
lichen, kristallenen Witz«*. Offensichtlich war ihm das
Buch zu sentimental geraten und die Gräfin und ihre
Liebhaber nicht leidenschaftlich genug. Ihm fehlte
ein *»unverholenes, ganzes und ausgestaltetes Liebes-
leben«*, er meinte aber entschuldigend, *»dass eine der-
artige Ausführung der Verfasserin in keiner Weise er-
laubt und möglich war«*. Dass er mit dieser Verneinung
des Möglichen nicht nur auf Konventionen, sondern
auch auf Ludmillas Mangel an Erfahrung anspielte,
ist zwar nicht offensichtlich, aber auch nicht unwahr-
scheinlich, denn in dieser Hinsicht traute er ihr wenig
zu.

Als Ludmilla mit den Veröffentlichungen aus den Archiven Varnhagens große Verkaufserfolge erzielte und von kritischen Köpfen bejubelt, von den Konservativen aber verunglimpft wurde, war Keller voller Bewunderung und Anerkennung für sie. Als sie jedoch, dadurch ermutigt, ihm während einer Schweiz-Reise brieflich eine nur wenig versteckte Liebeserklärung machte, war er so unhöflich, darauf in keiner Weise zu reagieren, und als sie ihm, schon in Florenz lebend, eine Fotografie von sich schickte, antwortete er mit abweisend wirkenden ironischen Wendungen, die sie aber nicht zu bemerken schien. Wenn er sie fragt, ob sie noch immer *»eine so schöne rote Feder am Hut«* trage, macht er sich über die modischen Extravaganzen des ältlichen Fräuleins lustig, und Ironie ist auch immer zu spüren, wenn er in seinen Briefen ihr Eintreten für die italienischen Nationalrevolutionäre kommentiert. *»Trotz meines Schweigens«*, heißt es beispielsweise in einem Brief vom 8. Juni 1870, *»habe ich doch öfter an Sie gedacht bei verschiedenen Anlässen, und zwar, wie es billig ist, da Sie so ein politisches Frauenzimmer sind, meistens bei der Zeitungslektüre, wenn von Mazzini und Garibaldi, von den Insurrektionsversuchen, Schießen, Stechen und Hauen die Rede ist.«* Als dann die Zweiundfünfzigjährige in Florenz die Torheit beging, einen achtundzwanzigjährigen Bersaglierioffizier, der wahrscheinlich nur auf ihr Vermögen aus war, zu heiraten, um sich zwei Jahre später wieder scheiden zu lassen, reagierte er sarkastisch. *»Ich hatte darauf gerechnet«*, schrieb er an seine

Freundin Marie Exner, »*dass sie zuweilen ein bisschen Prügel bekommen würde, weil sie auch gar zu unschön ist, aber solche Schmach hatte ich nicht erwartet.*« Und als sie ihn ein Jahr vor ihrem Tode noch einmal besuchte, beschrieb er einer anderen Frau, Marie Melos, dieses Treffen so: »*Sie hat die Unsitte, mich jedes Mal in den Gasthof zu zitieren, wenn sie hier ist, als ob es unschicklich wäre, unsereinen im Hause aufzusuchen. Ich ging jedenfalls zum letztenmal hin; denn sie machte mir einen unerträglichen Eindruck. Sie hatte eine goldne Brille auf der Nase, renommierte, dass sie Latein treibe, warf die Gegenstände auf dem Tisch mit barschen Mannsbewegungen herum, heulte dazwischen, rückte mir auf den Leib*« und sprach immerfort nur von sich selbst.

Den Mut und die großen Verdienste einer unschönen Frau zu würdigen fiel aber nicht nur Keller, sondern auch anderen Männern schwer. So wusste ihr jüngerer Kollege Ludwig Pietsch ihr nachzusagen, dass das »*nicht mehr jugendliche Mädchenherz*« der »*ebenso geistvollen und hochgebildeten als auch reizarmen Dame*« aus Liebe zu Lassalle zu den »*phantastischsten Toiletten-Extravaganzen*« veranlasst wurde, deren Wirkung aber das Gegenteil der von ihr beabsichtigten war. Und für Karl Marx, der sie bei Lassalle als Tischdame hatte, war sie in einem Brief vom 24. März 1861 ein »*kleines Scheusal*«, dem er seine Ablehnung deutlich zeigte. »*Dieses Fräulein, das mich mit ihrem Wohlwollen direkt überschwemmte, ist das hässlichste Geschöpf, das ich je in meinem Leben gese-*

hen habe, mit einer garstigen, jüdischen Physiognomie, einer scharf hervorspringenden dünnen Nase, ewig lächelnd und grinsend, immer poetische Prosa sprechend, ständig bemüht, etwas Außergewöhnliches zu sagen, Begeisterung heuchelnd und während der Verzückungen ihrer Ekstasen ihr Auditorium bespuckend.« Dabei war dem durch weibliche Reizlosigkeit so sehr Gereizten Ludmillas Herausgabe von Varnhagens Briefen durchaus schätzenswert.

Obwohl eine Amnestie Frau Assings Rückkehr nach Preußen möglich machte, blieb sie in Italien, für dessen nationalrevolutionäre Bewegung sie nicht ohne Bedeutung war. Sie schrieb eine Biographie Giuseppe Mazzinis, arbeitete unermüdlich für italienische und deutsche Zeitungen und setzte auch die

Ludmilla Assing im Alter.
Fotografie.

Publikationen aus Varnhagens Archiven fort. In Florenz konnte sie sich ein prächtiges Haus bauen lassen, in dem sie nach dem Muster der Gräfin Elisa einem eigenen Salon vorstehen konnte – bis sie plötzlich geistig erkrankte und wenig später mit knapp sechzig Jahren nach einem erfolgreichen, aber kaum glücklichen Leben 1880 in einer Anstalt starb. Ihrem freiheitlichen und sozialen Streben entsprachen auch die Bestimmungen ihres Testaments. Mit ihrem Vermögen wurde eine Stiftung errichtet, durch die eine sozialen Zwecken dienende Schule gegründet und Jahrzehnte hindurch finanziert werden konnte, während Varnhagens Archiv der deutschen Kultur erhalten blieb. Unter der Voraussetzung, dass es der Öffentlichkeit zur freien Verfügung gestellt würde, wurde es der Preußischen Staatsbibliothek in Berlin übergeben, die sich an diese Testamentsbestimmung auch immer gehalten hat. Sie hat seine unersetzlichen Autographenbestände sorgsam gehütet, allen Interessenten geöffnet, 1901 mit einem Katalog erschlossen und sie im Zweiten Weltkrieg, um sie vor Bomben zu schützen, nach Schlesien verlagert, wo sie 1945 zur Kriegsbeute wurden und sich noch heute zum größten Teil in Krakau befinden, was nicht nur der Vernunft und den europäischen Gepflogenheiten, sondern auch den Absichten ihrer ursprünglichen Besitzerin widerspricht.

Der zum Archiv gehörende Nachlass der Gräfin Elisa, der von Ludmilla Assing hinzugefügt wurde, ist leider nur schmal. Zu ihm gehören auch drei

Zeitschriftenartikel, in denen der am 20. März 1855 erfolgte Tod der Gräfin bedauert wird. In jedem der Nachrufe wird neben dem Einsatz der Gräfin in den Befreiungskriegen auch ihr Verhältnis zu Lützow und Immermann gewürdigt, und auch der Bedeutung ihres Salons für Berlin und besonders für die jungen Autoren wird gedacht. *»Aus Bescheidenheit«*, kann man da auch lesen, habe *»sie nie etwas veröffentlicht, obgleich sie durch Bildung und Talent mehr dazu berechtigt war, als die meisten schriftstellernden Frauen«*. Auch wird die Hoffnung geäußert, dass sich in ihrem Nachlass Notizen und Briefe finden ließen, mit deren Hilfe manches *»Räthsel«* aus dem *»bewegten Leben der interessanten Frau«* zu lösen sei.

Diese Hoffnung hat sich leider nicht bestätigt. Entweder hat die Gräfin alle Papiere vernichtet, oder ihr Testamentsvollstrecker, Leo von Palm, General a. D. und ehemaliger Lützower, der sie in ihrer letzten Krankheit pflegte, hat es in ihrem Auftrag getan. Bestattet wurde sie auf dem Dreifaltigkeitsfriedhof am Halleschen Tor, wo auch Henriette Herz, Rahel Varnhagen und Elisabeth Staegemann ihre letzte Ruhestätte gefunden hatten, aber im Gegensatz zu deren Gräbern ist das ihre nicht mehr erhalten, was wohl in ihrem Sinne war.

Für das Bestreben der Gräfin, auch die Nachwelt noch auf Distanz zu halten, spricht eine von ihr schon 1849 aufgesetzte Bestimmung, die mit den Worten *»Gleich nach meinem Ableben zu eröffnen«* überschrieben ist: *»Mein Testament liegt auf dem Kammergericht;*

der Vollstrecker ist mein treuer Freund, der Oberst Leo von Palm, Commandeur der 16. Landwehrbrigade zu Trier. Ich bitte um das einfachste und wenigst kostspielige Begräbnis. Will gleich nach meinem Ableben in eine Decke oder ein Bettlaken ganz verhüllt, niemandem sichtbar bleiben, in den Kleidern, in welchen ich gestorben bin, ohne Wäsche und Berührung; und bitte meine Erben, meine Pflegerin nach dem Bestand meines geringen Nachlasses zu belohnen. Berlin, den 21. Januar 1849. Elisa Gräfin Ahlefeldt-Laurvig«

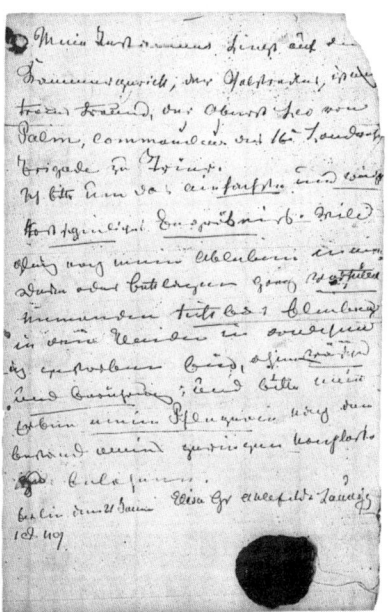

»Gleich nach meinem Ableben zu eröffnen«,
von Gräfin Elisa von Ahlefeldt.

Anhang

Zitatennachweis

Die Rechtschreibung der Zitate wurde behutsam modernisiert.

Auf Langeland

—

Die Verlobung

Gnädigste Gräfin	Assing, S. 21−23
kalt und hohl	Bebler, S. 86
Ihrer verehrungswürdigen Frau Mutter	Assing, S. 24
Habe ich Misstrauen	wie zuvor, S. 25
Sie haben zu viel	wie zuvor, S. 29
Meine beste Elise!	wie zuvor, S. 31−33

Die Poesie des Krieges

Preußen und Deutschen	Spies, S. 255
Feinde des Adels, des Feudalismus	Schoeps, S. 96
Es ist kein Krieg, von dem	Körner: Werke, Bd. 1, S. 79

Uns knüpft der Sprache heilig Band — Körner: Tagebuch, S. 43

Es ist in unserer Schar — wie zuvor, S. 55

Unerfüllte Liebe

großen Zeit — Immermann: Epigonen, S. 374

frei und ungezwängt — wie zuvor, S. 375

die hohe Brautwoche — wie zuvor, S. 374

Ja, wenn es eine Liebe je — wie zuvor, S. 376

Friesen war ein aufblühender Mann — Jahn: Turnkunst, S. 27

Englein ... Jungfrauen — Arndt, Bd. 1, S. 175

kräftigen Repräsentanten — Alexander von Humboldt: Briefe, S. 375—376

Ideal eichelfressender Germanen — Immermann: Ausg. Werke, Bd. 6, S. 163

ein heller, verständiger — E. T. A. Hoffmann, S. 337

ausgezeichneter Jüngling — wie zuvor, S. 318

ein ungeheurer — Assing, S. 39—41

Ursachen des seit längerer Zeit — Euler, S. 54—56

Kaum wird man es für möglich halten — Krimer, Bd. 1, S. 284

Ha, welche Lust, wenn — Körner: Tagebuch, S. 96

Das inliegende Blatt sagt — Euler, S. 51—52

Meine Freunde suchen meinen — wie zuvor, S. 52—53

zarte Güte gerührt und erhoben — wie zuvor, S. 62

Allergnädigst zu befehlen, dass — wie zuvor, S. 71

Er trug wie alle jugendlichen — Immermann: Epigonen, S. 376—377

Prosa der Ehe

gewöhnlichen Offiziere	Immermann: Briefe, Bd. 1, S. 114
2 Vormittage und 4 Nach- mittage	wie zuvor, S. 117
ziemlich ledern	wie zuvor, S. 265
Du wirst wohl schon von Ferdinand	wie zuvor, S. 268
Romeo und Julia zusammen gelesen	wie zuvor, S. 299
gebildete Krähwinkel	wie zuvor, S. 302
Ich war drauf und dran	wie zuvor, S. 307
Ich habe eine gesellschaft- liche	wie zuvor, S. 310
Vorigen Donnerstag hatten	wie zuvor, S. 318
so viel Schönes in der Welt	wie zuvor, S. 323
Lebenskreisen	wie zuvor, S. 345
Feinde	wie zuvor, S. 337
Ich habe wahrhaft ein recht	wie zuvor, S. 345
in die grässlichste Wüste	wie zuvor, S. 337
Die Trennung von Dir ist	wie zuvor, S. 337
Ach, ich bin zerrissen	wie zuvor, S. 355
Dass zu seiner Unzufrieden- heit	Kohlrausch, S. 208−213

Der General

In Sachen des Herrn General- Majors	Samml. Varnhagen, Krakau
Pascha von Langeland	Zentralbibliothek Berlin
Die Liebe und Freundschaft	Assing, S. 127
um Erinnerungen los zu werden	wie zuvor, S. 131

Übung … völlig ohne Geschäfte	wie zuvor, S. 137–138
Sollten Sie durch die heutige Zeitung	Immermann: Briefe, Bd. 1, S. 565–567
Seit Friesen nicht mehr ist	Assing, S. 73–75

Dichter und Gräfin

dürr und charakterlos	Immermann: Briefe, Bd. 1, S. 516
Wenn man die Poesie	wie zuvor, S. 557
Die Heirath ist erst dann möglich	wie zuvor, S. 553–554
eitle, leere, nach außen gekehrte	wie zuvor, S. 749–750
bloßen Hälsen und langen Bärten	Immermann: Ausg. Werke, Bd. 6, S. 304–305
Ich liebe Dich	wie zuvor, Bd. 1, S. 114
Lieber sterben	wie zuvor, Bd. 1, S. 118
Das Heiligste, das Würdigste	wie zuvor, Bd. 1, S. 117
Selten wohl hat das Geschick	Immermann: Tagebücher, S. 707–710

Das bräutliche Kind

Wie ist denn das nur zugegangen	Immermann: Tagebücher, S. 701
Sechzehn selige Tage	Wolff, S. 26
Sie machen zu viel aus mir	Immermann: Werke, Bd. 5, S. 31
innige, ja heiße Liebe	Wolff, S. 29
als alles, was er sonst geschrieben	wie zuvor, S. 30

mein Mädchen, Gluth der Liebenden	Immermann: Briefe, Bd. 2, S. 928
große Abhängigkeit	wie zuvor, S. 1036
Ich will Dich hegen und halten	wie zuvor, S. 937
leben ... die Wege	wie zuvor, S. 978
Alles denkst und fühlst Du	wie zuvor, S. 980−981
Ich habe so rasch mit Dir	wie zuvor, S. 984−985
sittliche Pflicht	wie zuvor, S. 983
Denn ich weiß recht wohl	wie zuvor, S. 934
um die Gräfin weinen werde	wie zuvor, S. 1022
Mensch und Bürger	wie zuvor, S. 1065
Sühne ... eigne Schuld	Wolff, S. 115
Ich fühle mich nicht sicher	wie zuvor, S. 116
Am Abend seiner Ankunft	Assing, S. 165
Bild des geliebten Mannes	Wolff, S. 199
eine Hand aus dem Kreise	Putlitz: Immermann, Bd. 1, S. IV
Feder ... eigne Empfindungen	wie zuvor, Bd. 1, S. V
anmuthige äußere Erscheinung	wie zuvor, Bd. 1, S. 92
verdunkelte	wie zuvor, Bd. 1, S. 89
das Weib die natürliche Schirmerin	wie zuvor, Bd. 1, S. 95

Der Berliner Salon

Welch Labsal für die Heimathlose	Sammlung Varnhagen, Krakau
Doktorin ... klein, sehr klug	Wilhelm von Humboldt: Briefe, Bd. 3, S. 250
In dieser Minute habe ich	Assing, S. 155−156
sich getäuscht zu finden	wie zuvor, S. 156

Wunde nicht mit Rosenwasser	wie zuvor, S. 161
Die Gräfin Ahlefeldt und die Professorin	Kühn, S. 268−269
alte italienische Sprichwort	Staatsbibliothek Berlin
nie eine Frau gegeben	Assing, S. 189
Überhebung und Unterordnung	wie zuvor, S. 191
Kunst des Zuhörens	wie zuvor, S. 189
Sie sprach in ihren Gesellschaften	wie zuvor, S. 188
Mit freudig erregtem Herzen	Putliz, S. 9−10
hatte bei fast mangelnder kritischer Klarheit	wie zuvor, S. 8−9
wie von einer Mauer umgeben	Elisabeth zu Putliz, S. 33
Sie war keine jener gewöhnlichen	Lewald, S. 378−379
Eigentlich geistreich	wie zuvor, S. 382−383
gebildete, aber affektierte	Hebbel, Bd. 1, S. 327
ein treuer Freund geblieben	Assing, S. 192
so viele Menschen sich	wie zuvor, S. 193
stillen Sonntäglichkeit	wie zuvor, S. 189
Ludchen	Wehl, Bd. 1, S. 198
sie wenig von dem, was ein Weib	wie zuvor, Bd. 2, S. 1
aufrichtigen und echten	wie zuvor, Bd. 2, S. 4
freieren und menschenwürdigeren	wie zuvor, Bd. 2, S. 21
alte Kameraden und literarische	wie zuvor, Bd. 2, S. 26
Kaffeekränzchen	Keller, Bd. 2, S. 343
Das Buch, welches diese Zeilen	http://www.kellerbriefe.ch/ assing1.htm (26. Juni 1857)
Fußtapfen	Keller, Bd. 2, S. 451−452

eine so schöne rote Feder	wie zuvor, Bd. 3, S. 49−50
Trotz meines Schweigens	wie zuvor, Bd. 3, S. 23
Ich hatte darauf gerechnet	wie zuvor, Bd. 3, S. 98
Sie hat die Unsitte, mich	wie zuvor, Bd. 3, S. 301
nicht mehr jugendliche Mädchenherz	Pietsch, S. 213−214
kleines Scheusal	Marx, S. 505
Aus Bescheidenheit	Berliner Feuerspritze, Nr. 13, 26. März 1855
Räthsel	Magazin für die Literatur des Auslandes, Nr. 45, vom 14. April 1855
Gleich nach meinem Ableben	Sammlung Varnhagen, Krakau

Abbildungsnachweis

Prosa der Ehe

Der General

Dichter und Gräfin

Das bräutliche Kind

Der Berliner Salon

S. 152: Porträt Gottfried Keller (von Ludmilla Assing): Copy-
right bpk / SBB

S. 155: Ludmilla Assing im Alter: Bebler, nach S. 160

S. 158: »Mein Testament liegt …«: Sammlung Varnhagen

Bibliographie

Benutzte Archive

Biblioteka Jagiellonska Krakow: Sammlung Varnhagen, Konvolut Ahlefeldt-Laurvig, Elisa, Kasten 1 (Briefe von Elisa von Ahlefeldt und Ludmilla Assing, Dokumente aus Elisa von Ahlefeldts Nachlass)
Staatsbibliothek zu Berlin: Nachlass 141 (Sammlung Adam), Kasten 50 (Brief von Elisa von Ahlefeldt an Theodor Kobbe)
Zentral- und Landesbibliothek Berlin (Briefe von Elisa von Ahlefeldt und Adolph von Lützow)
Stadt- und Landesbibliothek Dortmund (Briefe von Elisa von Ahlefeldt, Karl Immermann und Adolph von Lützow)
Heinrich-Heine-Institut Düsseldorf (Briefe von Elisa von Ahlefeldt und Marianne Immermann)
Universitäts- und Landesbibliothek Münster (Briefe Adolph von Lützows)

Literatur

Ahlefeldt-Laurvig, F.: Elise Ahlefeldts Historie. Kopenhavn: Trydes 1923
Arndt, Ernst Moritz: Briefe. Hrsg. v. Albrecht Dühr. Bd. 1–3. Darmstadt: Wiss. Buchgesell. 1975

173

Arndt, Ernst Moritz: Werke. Auswahl in 12 Teilen. Hrsg. von
August Lesson u. Wilhelm Steffens. Berlin, Leipzig: Bong
o. J.

Assing, Ludmilla: Gräfin Elisa von Ahlefeldt: Die Gattin
Adolphs von Lützow, die Freundin Karl Immermanns. Berlin:
Duncker 1857

Bauer, Frank: Horrido Lützow! München: Schild 2000

Bebler, Emil: Gottfried Keller und Ludmilla Assing. Zürich:
Rascher 1952

Böttger, Fritz: Karl Immermann. Ein Dichter- und Zeitbild.
Berlin: Nation 1867

Euler, Carl: Friedrich Friesen. 2., erw. Aufl. Leipzig: Pichler
1899

Gatter, Nikolaus: Ludmilla Assing. In: Frauen in der bürgerlichen Revolution von 1848/49. Hrsg. von Johanna Ludwig
u. a. im Bundesministerium für Familie, Senioren, Frauen,
Jugend. 1998

Geiger, Ludwig: Dichter und Frauen. Berlin: Paetel 1896

Gottschall, Rudolf von: Erinnerungen an Ludmilla Assing. In:
Die Gartenlaube, 1880, Heft 18, S. 298–301

Harnisch, Wilhelm: Mein Lebensmorgen. Berlin: Hertz 1865

Hasubek, Peter: Karl Leberecht Immermann. Köln: Böhlau
1996

Hebbel, Friedrich: Tagebücher. Bd. 1–2. Hrsg. von Friedrich
Brandes. Leipzig: Reclam 1913

Hiller von Gaertringen, Julia von u. Detlev Hellfaier: Grabbe im
Original. Autographen, Bilder, Dokumente. Detmold: Lippi-
sche Landesbibl. 2001

Hoffmann, E. T. A.: Juristische Arbeiten. Hrsg. von Friedrich
Schnapp. München: Winkler 1973

Humboldt, Alexander von: Briefe an Varnhagen von Ense. Leipzig: Brockhaus 1860

Humboldt, Wilhelm u. Caroline: Briefe. Bd. 3. 1808–1810. Hrsg.
von Anna von Sydow. Berlin: Mittler 1909

Ibbeken, Rudolf: Preußen 1807–1813. Köln, Berlin: Grote 1970

Immermann, Karl: Ausgew. Werke in 6 Bdn. Hrsg. von Franz
Muncker. Stuttgart: Cotta (1893)

Immermann, Karl: Briefe. Bd. 1–3. München: Hanser
1978–1987

Immermann, Karl: Die Epigonen. München: Winkler 1981

Immermann, Karl: Zwischen Poesie und Wirklichkeit. Tagebücher 1831–1840. Hrsg. von Bodo Fehlig u. Peter Hasubek.
München: Winkler 1984

Invalidenfriedhof, Der. Rettung eines Nationaldenkmals.
Hrsg. vom Förderverein Invalidenfriedhof e. V. Hamburg:
L & H-Verl. 2003

Jahn, Friedrich Ludwig und Ernst Eiselen: Die Deutsche Turnkunst zur Einrichtung der Turnplätze. Berlin. Auf Kosten der
Herausgeber 1816

Jenssen, Christian: Licht der Liebe. Lebenswege deutscher
Frauen. Hamburg: Broschek 1938

Joergensen, Jens: H. C. Andersen – En Sand Myte (Eine wahre
Mythe) 1987

Joergensen, Lise Bender: Tranekaer und sein Schloss. Tranekaer:
Museum 1981

Keller, Gottfried: Briefe und Tagebücher. Hrsg. von Emil Erma-
tinger. Bd. 1–3. Stuttgart, Berlin: Cotta 1916

Keller, Gottfried: Briefwechsel mit Ludmilla Assing. URL:
http://www.kellerbriefe.ch / assing1.htm (letzter Zugriff:
am 2. 2. 2012).

Keubke, Klaus Ulrich u. Uwe Poblenz: Die Freikorps Schill und
Lützow im Kampf gegen Napoleon. Schwerin: Schriften
z. Gesch. Mecklenburgs 2009

König, Arthur: 200 Jahre Staatsbad Nenndorf. Nenndorf: 1987

Körner, Theodor: Tagebuch und Kriegslieder. Freiburg i. Br.:
Fehsenfeld 1893

Körner, Theodor: Sämmtliche Werke in 4 Bdn. Berlin: Nicolai
1847

Kohlrausch, Friedrich: Erinnerungen aus meinem Leben.
  Hannover: Hahn 1863

Krimer, Wenzel: Erinnerungen eines alten Lützower Jägers.
  Bd. 1–2. Stuttgart: Lutz 1913

Kruse, Joseph A. (Hrsg.): Karl Immermann. Ausstellung. Düsseldorf: Heinrich-Heine-Institut 1990

Kühn, Richard: Elise von Lützow und Lützows wilde Jagd.
  Berlin: Buchgemeinde 1934

Lewald, Fanny: Meine Lebensgeschichte. Bd. 1–6. Berlin: Janke
  1861–1862

Lüttke, Jürgen: Friesens Grabkreuz auf dem Invalidenfriedhof.
  In: Jahrbuch 1993 des Sportmuseums Berlin. S. 9–17

Karl Marx in seinen Briefen. Ausg. u. kommentiert von
  Saul K. Padover. München: Beck 1981

Maync, Harry: Immermann. München: Beck 1921

Meisner, Heinrich (Hrsg.): Briefe an Johanna Motherby
  von W. v. Humboldt u. E. M. Arndt. Leipzig: Brockhaus
  1893

Pietsch, Ludwig: Wie ich Schriftsteller geworden bin. Berlin:
  Aufbau 2000

Putlitz, Elisabeth zu: Gustav zu Putlitz. Ein Lebensbild. Berlin:
  Duncker 1894

Putlitz, Gustav zu (Hrsg.): Karl Immermann, sein Leben und
  seine Werke. Bd. 1–2. Berlin: Hertz 1870

Putlitz, Gustav zu: Theatererinnerungen. Bd. 1–2. Berlin: Paetel
  1875

Rundnagel, Erwin: Friedrich Friesen. München, Berlin: Olden-
  bourg 1936

Schlüsser, Adolph: Geschichte des Lützowschen Freikorps.
  Berlin: Mittler 1826

Schoeps, Hans Joachim: Aus den Jahren preußischer Not und
  Erneuerung. Tagebücher und Briefe der Gebrüder Gerlach.
  Berlin: Haude u. Spener 1966

Spies, Hans-Bernd: Die Erhebung gegen Napoleon 1806–1815.

Darmstadt: Wiss. Buchgesellschaft 1981 (Quellen zum polit. Denken d. Deutschen)

Sternberg, Alexander von: Erinnerungsblätter aus der Biedermeierzeit. Berlin: Kiepenheuer 1919

Tietz, Karl-Ewald: Arndts Gedicht »Lebenstraum« und seine Liebe zu J. Motherby. In: Hefte d. E.-M.-Arndt-Gesellschaft, H. 6, 7. Jg., 1998

Wehl, Feodor: Alter schützt vor Thorheit nicht. Lustspiel. Leipzig: Reclam (um 1900)

Wehl, Feodor: Zeit und Menschen. Bd. 1−2. Altona: Reher 1889

Wiese, Benno von: Karl Immermann. Bad Homburg: Gehlen 1969

Wilhelmy-Dollinger, Petra: Die Berliner Salons. Berlin: de Gruyter 2000

Wolff, Marianne: Leben und Briefe. Hrsg. Von Felix Wolff. Hamburg: Ernte 1926

Zeittafel

1782   Am 10. Mai wird Adolph Wilhelm Ludwig Freiherr von Lützow in Berlin geboren. Sein Vater war preußischer Generalmajor. Die Lützows waren eine alte mecklenburgische Adelsfamilie, die zur Lützow-Linie Pritzier-Schwechow gehörte.

1784   Am 25. September wird Karl Friedrich Friesen als Sohn eines städtischen Beamten in Magdeburg geboren, besucht dort die Altstädter Bürgerschule, verliert früh den Vater und zieht 1800 mit seiner Mutter nach Berlin.

1788   Am 17. November wird Elise Davidia Margarethe Gräfin von Ahlefeldt-Laurvig auf Schloss Tranekaer auf der dänischen Insel Langeland geboren. Ihr dänischer Vater, Graf Frederik von Ahlefeldt-Laurvig, ist Offizier und Kammerherr am Hofe des Königs von Dänemark, ihre deutsche Mutter, Louise Charlotte, ist eine Geborene von Hegemann aus Hemmelmark bei Eckernförde in Holstein. Großen Einfluss auf Elise aber hat ihre Erzieherin, Marianne Philipi aus Hamburg, der sie lebenslang verbunden bleibt. Da ein älterer Bruder früh gestorben war, wächst sie als Einzelkind auf.

1789   Am 14. Juli beginnt die Französische Revolution.

1795   Am 26. Mai wird Lützow, erst dreizehnjährig, Gefreiter-Korporal im I. Bataillon Garde (15a) in Potsdam.

1796   Am 24. April wird Karl Lebrecht Immermann in der
Klosterstraße zu Magdeburg geboren.

1797   Am 16. November wird Friedrich Wilhelm III. König
von Preußen.

1801   Am 1. April wird Friesen Schüler an der Bauakademie.
Einer seiner Lehrer ist David Gilly.

1804   Am 2. Dezember wird Napoleon Bonaparte zum Kaiser
gekrönt. Am 31. Dezember wird Leutnant von Lützow
auf eignen Wunsch zum Kürassierregiment von Reitzen-
stein (Nr. 7) nach Tangermünde versetzt.

1805   Immermann erlebt den Besuch der Königin Luise in
Magdeburg.

1806   Am 17. Juli wird der Rheinbund unter Schirmherrschaft
Napoleons gegründet. Am 6. August verzichtet Kaiser
Franz II. auf die deutsche Kaiserwürde. Damit endet das
Heilige Römische Reich Deutscher Nation.
Am 6. Oktober erklärt König Friedrich Wilhelm III.
Frankreich den Krieg.
Am 14. Oktober erleiden die preußischen Truppen in der
Schlacht bei Jena und Auerstädt eine Niederlage. Leut-
nant von Lützow nimmt an ihr teil.
Am 10. November erlebt Immermann die Kapitulation
Magdeburgs mit. Friesen arbeitet bei Alexander von
Humboldt als Kartenzeichner.

1807   Lützow kämpft in Schills Freischar bei Kolberg.
Immermann wird Schüler im Gymnasium zum Kloster
Unserer Lieben Frauen.
Am 9. Juli wird in Tilsit der Friede zwischen Preußen
und Frankreich geschlossen

1808   Am 2. Mai beginnt der Unabhängigkeitkampf der Spanier gegen Napoleon.
Im Sommer lernen sich die Gräfin Elisa und der Major
von Lützow in Nenndorf kennen.

1809   Im April und Mai nimmt Lützow an Schills illegalem Feldzug teil.

1810   Am 20. März heiraten Lützow und die Gräfin Elisa auf Schloss Tranekaer und leben danach in Berlin.

1812   Am 30. März stirbt Elises Mutter und wird im Beisein Elises in Kopenhagen begraben.

1813   Am 1. März erhält Lützow das Patent als Chef des von ihm zu errichtenden Freikorps. Im Breslauer Gasthof Zum Goldenen Zepter wirbt Elisa die Freiwilligen an, darunter auch Jahn und Friesen.
Immermann verlässt das Gymnasium und beginnt sein Studium in Halle.

1814   Am 16. März wird Friesen in den Ardennen ermordet.

1815   Immermann wird Soldat und nimmt an den Schlachten von Ligny und Waterloo teil.
Nach Kriegsende wird Oberst Lützow mit dem Eichenlaub zum Pour le mérite und Elisa mit dem Eisernen Kreuz ausgezeichnet.

1816   Immermann setzt seine Studien in Halle fort.

1817   Am 8. März erhielt der Oberst von Lützow das Kommando über eine Kavallerie-Brigade in Münster.

1818   Immermann besteht die 1. juristische Staatsprüfung und wird Auskultator am Kreisgericht in Oschersleben. Erste lyrische Versuche.

1819   Immermanns 2. juristische Staatsprüfung im Mai. Im November wird er Auditeur beim Generalkommando in Münster.
Am 8. September wird Marianne Niemeyer in Magdeburg geboren.

1822   Immermann und Elisa von Lützow lernen sich kennen.

1824   Immermann übernimmt im Januar das Amt eines Kriminalrichters in Magdeburg.

1825   Gräfin Elisa lässt sich scheiden und folgt Immermann nach Magdeburg.

1826 Immermann wird Landgerichtsrat in Düsseldorf.

1827 Elisa folgt Immermann nach Düsseldorf. Sie bewohnen ein kleines Haus im Hofgarten und befreunden sich mit Wilhelm von Schadow und andern Künstlern der Akademie.

1831 Der dänische König genehmigt, dass Elisa ihren Geburtsnamen wieder annimmt.

1830 Immermann und die Gräfin beziehen ein Haus in Derendorf bei Düsseldorf.

1834 Am 6. Dezember stirbt Generaloberst von Lützow und wird auf dem Berliner Garnisonfriedhof in der Rosenthaler Straße begraben. Immermann lässt sich vom Staatsdienst beurlauben und wird Intendant des Düsseldorfer Stadttheaters.

1835 Im Dezember beendet Immermann seinen Zeitroman »Die Epigonen«.

1838 Immermann tritt wieder in sein Amt beim Landgericht ein. Er beteiligt sich am Treffen der ehemaligen Freiwilligen zum 25. Jahrestag der Befreiungskriege in Köln.

1839 Im April beendet Immermann seinen Roman »Münchhausen«.
Im August trennt Immermann sich von der Gräfin Elisa, die Derendorf am 14. August für immer verlässt. Über Köln, Dresden und München tritt sie eine längere Italienreise an.
Am 2. Oktober heiratet Immermann die achtzehnjährige Marianne Niemeyer.

1840 Im Januar lässt sich die Gräfin Elisa zusammen mit ihrer Freundin Johanna Dieffenbach in Berlin, Potsdamer Chaussee, nieder.
Am 12. August wird Immermanns Tochter Caroline geboren.
Am 25. August stirbt Immermann.

1842 Gräfin Elisas Freundin Johanna Dieffenbach stirbt.

1843   Am 15. März werden die Gebeine Friesens auf dem
       Berliner Invalidenfriedhof neben dem Grab Scharn-
       horsts beigesetzt.

1846   Gräfin Elisa bezieht eine Wohnung am östlichen Rand
       des Tiergartens, zwischen dem Brandenburger und dem
       Potsdamer Tor, in der Schulgartenstraße 1a, wo sie einen
       vielbesuchten Salon unterhält.

1855   Am 20. März stirbt die 67-jährige Gräfin Elisa.

Personen- und Ortsregister

Inhalt